中華教育

以**靜觀**和**正念**

培育兒童青少年正向價值和身心靈健康

邁向正向幸福人生

劉雅詩 盧希皿 李子建 主編

責任編輯　梁潔瑩
版式設計　龐雅美
排　版　陳美連
印　務　劉漢舉

邁向正向幸福人生
—— 以靜觀和正念培育兒童青少年正向價值和身心靈健康

主　　編：劉雅詩　盧希皿　李子建

編輯助理：盧凱桐

封面設計：譚德華

出版 ｜ 中華教育

香港北角英皇道 499 號北角工業大廈 1 樓 B 室

電話：(852) 2137 2338　　傳真：(852) 2713 8202

電子郵件：info@chunghwabook.com.hk

網址：https://www.chunghwabook.com.hk

發行 ｜ 香港聯合書刊物流有限公司

香港新界荃灣德士古道 220–248 號荃灣工業中心 16 樓

電話：(852) 2150 2100　　傳真：(852) 2407 3062

電子郵件：info@suplogistics.com.hk

印刷 ｜ 美雅印刷製本有限公司

香港觀塘榮業街 6 號海濱工業大廈 4 樓 A 室

版次 ｜ 2022 年 9 月第 1 版第 1 次印刷

©2022 中華教育

規格 ｜ 32 開 (210mm x 150mm)

ISBN ｜ 978-988-8808-17-5

前 言

身處 21 世紀科技發達又瞬息萬變的知識型社會，學習和生活環境變化多端，兒童及青少年的價值觀和健康受到不少挑戰。教育工作者和家長開始意識到除了培育孩子的學業成就外，也應照顧他們的價值觀和身心靈健康，讓孩子邁向整全發展的幸福道路。

透過實證為本的科學研究，非宗教靜觀和正念訓練課程着重舒緩各種身心疾病，於過去十多年從西方推廣至世界各地，香港、台灣和大陸等華人地區醫護、社福和心理治療界別等逐漸普及。近年課程更進一步關注背後的道德倫理價值，包括慈愛、抗逆力和尊重等，活動設計進一步關注受眾的文化背景。香港一些學校和社福機構除了引入西方的靜觀和正念課程，也陸續嘗試發展或調適課程以迎合本地學生、教師和家長的需要，這些寶貴的本地化經驗非常值得跟所有關心下一代兒童及青少年的教育界同人和大眾分享，這也是我們出版本書的緣起和初心。

本書的多位作者在靜觀和正念、生命教育和正向價值教育、家長教育的研究或實踐有多年經驗，當中包括學者、專業人士和教育工作者等，對於兒童及青少年成長和家長教育具有深入了解。作者除了簡介核心概念和相關研究外，也透過個人生活事例，闡述照顧幼兒到青少年不同成長階段的挑戰和應對方法。由於本書作者來自不同的專業和文化背景，作者們因應需要自行選擇在其篇章裏選用「靜觀」或「正念」一詞，有關兩者的詞源和意義將會在「甚麼是靜觀和正念？——

i

宗教、心理和教育的視角」一章中詳述。

本書共有十五章，歸入三篇：理念篇、社區實踐篇、校本實踐篇。

理念篇共有四章，劉雅詩博士首先從宗教、心理和教育的角度探討非宗教靜修課程的發展，以及「靜觀」和「正念」的含義；李子建教授探討靜觀和生命教育的關係；盧希皿博士從社會照顧角度反思對於特殊需要兒童及青少年的靜觀訓練；張婉文博士、甘晞晴女士和鄭詠儀女士探討靜觀訓練對於家庭溝通的重要性。

社區實踐篇共有六章，心理學家蔡姍姍女士以親身經驗分享育兒的挑戰和靜觀教養的得着；資深教育工作者及單親媽媽張仕娟女士反思跟女兒的相處，開展了推廣非暴力正念溝通的旅程；資深心理學家凌悅雯博士透視親職壓力，分享靜觀教養的一些妙法；「一起靜」創辦人鄒銘樂先生分享個人修習正念的經驗以及協助在職青年釋放心靈的故事；社工系碩士學生余雋彥先生回顧大學時期接觸靜觀，並在校內團體向其他同學推廣的經歷；劉雅詩博士指出職前教師和在職教師面臨的挑戰，並分享如何透過正念和慈愛建立正向價值。

校本實踐篇共有五章，古緯詩博士分享靜觀在學前機構的實踐經驗和反思；教育心理學家陳鑑忠先生透過其設計本地兒童靜觀課程的經驗，介紹認識心和訓練心的方法；柴灣角天主教小學張曉藍主任分享全方位靜觀學習如何配合宗教靈性教育的氛圍提升小孩子與內心的連繫；香海正覺蓮社佛教陳式宏學校方子蘅校長和吳穎詩主任回顧靜觀在課程、輔導和家長教育過去幾年的發展和果效；最後一章，風采中學陳文頌助理校長和吳偉茵老師分享靜觀如何融入校本正向教育成

長課。

在此，我們衷心感謝每一位作者以文字分享寶貴的經驗，譚德華先生的書封設計，以及編輯助理盧凱桐同學和學生助理呂志芳同學的協助，也非常感謝中華書局梁潔瑩編輯引領我們的校對工作。透過本著作，我們希望教育工作者和家長對於靜觀和正念跟身心靈健康的關係，以及在華人地區的實踐經驗有進一步的理解，可以為培養下一代的幸福人生作更佳的準備。

劉雅詩博士　盧希皿博士　李子建教授

2022 年 7 月 28 日

目　錄

理念篇

甚麼是靜觀和正念？
——宗教、心理和教育的視角

劉雅詩博士--

現任香港中文大學教育學院高級講師，前任香港教育大學社會科學系高級講師，曾於中學擔任倫理宗教科統籌，完成社會人類學哲學碩士和宗教研究哲學博士，近年研究華人地區跨國正念和靜修活動。兒童時期開始接觸東方傳統靜修，青年時期開始正式學習東、西方各種傳統靜修方法，包括非宗教正念課程。自 2007 年開始為本科生、職前教師和在職教師進行正念、身心靈健康和正向教育等教研工作，並定期在國際學術期刊和學術出版社發表相關文章。

2013 年 7 月初筆者出席都柏林城市大學舉辦的「改變界限：正念、靈性和教育」學術研討會[1]，出席的幾位講者不約而同地分享正念（Mindfulness）在學校教育提升靈性和德育的重要性，當時我十分驚訝東方靜修傳統在一個天主教氛圍濃厚的社區這麼受到重視。

宗教的世俗化和醫學化

自古以來，靜修活動主要在宗教場所進行，例如天主教神父在聖堂的靈修活動、僧侶在佛教寺院裏禪修等。東方和西方的傳統認為意念性（Ideational）和非意念性（Non-ideational）靜修兩者的共同特徵都是專注（Concentration）、平靜（Tranquility）和洞察（Insight）（Fontana, 2007）。意念性靜修包括集中於一個意念或多個意念的智性活動，例如西方基督教傳統的默觀基督，印度教和佛教傳統培養四無量心

「慈、悲、喜、捨」的心靈素質。非意念性靜修是對於一個自然精神狀態的純粹覺察（Pure Awareness），在練習一段時間後，念頭會減少，心意會變得平靜。

19 世紀社會學家韋伯（Weber, 1958）指出現代主義（Modernism）導致理性化（Rationalized）過程出現，不但影響經濟系統和行政組織的功能，也會對文化產生深遠影響——世俗化（Secularized）和解魅（Disenchantment），宗教倫理將會失去主導社會的力量。有趣的是，上世紀 50 年代開始出現的靈性革命（Spiritual Revolution）（Heelas & Woodhead, 2005）挑戰了世俗化論述，宗教活動如禪修、瑜伽等並沒有在現代社會完全消失，不過從宗教空間轉移至個人療癒空間（Wilson, 2014）。現代社會宗教或靈性活動依然是部分人類尋找意義的心理過程，不過自我轉化的神聖經驗從以前的宗教神聖場所轉移到個人靈性活動和心理治療室。正如歷史學家哈拉瑞（Yuval N. Harari）（2021，頁 248-255）指出，人文主義革命改變了宗教權威，手持善惡對錯的《聖經》的中世紀神父幾乎被手持《精神疾病診斷與統計手冊》的心理治療師所取代。

003

世俗化的靜觀和正念課程於 20 世紀 80 年代開始，引起了生命科學和心理學的興趣，分子生物學家卡巴金（Kabat-Zinn）博士[2]於 1979 年發展 Mindfulness-based Stress Reduction Program（簡稱 MBSR）是非常重要的一步，香港普遍稱為「靜觀減壓課程」，台灣和大陸普遍稱為「正念減壓課程」，課程有效幫助癌症和長期病患者減少壓力和憂慮等症狀，繼而發展了面向各類身心疾病的研究和課程。千禧年之後三位西方心理學家發展了另一重要課程 Mindfulness-based Cognitive Therapy

（簡稱 MBCT）有效防止嚴重抑鬱症復發。

美國時代雜誌以「正念革命」（Mindful Revolution）形容這場運動（Pickert, 2014）。在過去幾十年的「正念運動」（Mindfulness Movement）裏，吸引了不少具備醫護和心理專業人士修讀並推廣相關課程。在香港、台灣、大陸和新加坡等華人地區（Lau, 2014），這個趨勢大致跟隨西方主流步伐，正念課程逐漸普及令正念被帶進世俗社會各個領域，首先是醫院、心理輔導，之後再拓展至社會福利界別，家庭和學校，還有商業公司和公營機構、監獄等。正念似乎被接納在日常生活中處理各種議題，相關主題的培訓課程和書籍包括正念教養（Mindful Parenting）、正念飲食（Mindful Eating）、正念工作（Mindfulness at Work）等，在西方甚至發展了正念政治（Mindful Politics）、正念國家（Mindful State）等（Wilson, 2014）。

總括而言，在西方科學理性的文化背景下，古代的靜修傳統以現代化和世俗化方式展現，適逢東方靈性傳統在二次大戰後受到西方人的垂青，東方靜修被認為是科學和理性危機的出路（McMahan, 2008, p.13），解脫生死的目的被促進身心靈健康所取代（Hickey, 2019），反映人類在物質氾濫的世俗化社會對靈性的渴求，推動正念課程在過去四十年不停地發展（Williams & Kabat-Zinn, 2011），使用的文字概念也因此有所變化。

Sati、Mindfulness、正念、靜觀、覺察靜修

今天廣為人知的英語 mindfulness 一詞源自巴利語 sati。於 19 世紀中 sati 曾被譯為「良知」（Conscience）或「正確靜修」（Correct

Meditation），巴利聖典協會（Pali Text Society）創辦人 T. W. Rhys Davids 自 1881 年開始選用 mindfulness 一詞（Gethin, 2011）。1530 年的牛津詞典對 mindfulness 的解釋為「具念、注意、記憶、意圖、目的的狀態或品質」[3]，聖公會牧師、心理學家及 MBCT 創辦人之一威廉斯（Mark Williams）曾經提及 mindfulness 跟基督教靈性的淵源[4]。當代英藉巴利學者 Rupert Gethin 對於 sati 被譯為 mindfulness 表示滿意（2001, p.36）。梵文字根 smr 來源自古印度吠陀傳統，在佛教語境下，有兩個意思，記住（Remembering; Recollecting）或者在心中（Having in Mind），跟英語意思非常接近。

為何 sati 在佛典會被譯為「正念」呢？文獻顯示「念」這個字出現於佛典傳入古代中國之前，在《詩經》裏曾出現 28 次，例如《秦風・小戎》「言念君子，温其在邑。方何為期，胡然我念之。」主要表達思念、思考和回憶等意思。以筆者有限知識，暫未確認梵語 smṛti 一詞漢譯最早出現的文獻[5]。目前估計最早集中討論相關的漢語經文很可能是由東晉瞿曇僧伽提婆所譯的《念處經》[6]。在漢文佛典如大藏經，普遍以「念」作梵語 smṛti 的翻譯。

香港資深心理學家馬淑華博士是將 MBSR 引入香港和其他華人地區的先驅者（Lau, 2021），1997 年她為醫院病人進行先導課程時，她深知此課程對身心轉化有莫大好處。跟卡巴金博士一樣，她不希望醫護專業或病人因宗教考慮而卻步，因此儘量避免引用宗教相關的字詞。她亦希望以現代易懂的語言傳遞 mindfulness 的精神，考慮到佛教禪修用 mindfulness 培養「止」和「觀」，而中國文化亦有「萬物靜觀皆自得」、「靜觀其變」的精神，故決定把 MBSR 翻譯成「靜觀減壓課

程」[7]。據筆者探究，「萬物靜觀皆自得」出自宋代儒者程顥，其思想受禪學影響，批判和吸收漢傳佛家思想是當時儒者的潮流。[8] 從《大正藏》搜查，少量早期漢譯經典及後期論師文獻有使用「靜觀」一詞，例如，後秦鳩摩羅什所譯的《梵網經》可以找到「應當靜觀察，諸法真實相。」不過，似乎不同文獻的用法並不一樣，當中含義需要另作探究。[9]

現代社會的世俗和神聖空間有着明顯界線，甚至在某些國家政策下，宗教象徵不能潛越世俗空間，如醫院和學校等，筆者認為將具有療癒效果的 MBSR 等非宗教課程跟傳統的佛教禪修作明顯區分是回應現代社會世俗化趨勢的一個主流選擇。香港的心理輔導和社會福利專業界別，一般都會將 MBSR 稱為「靜觀減壓課程」，mindfulness 則被稱為「靜觀」（香港心理學會臨床心理學組，2017；林瑞芳，2021）。

然而，從文獻研究的學術角度，筆者認為將 mindfulness 單詞譯作「靜觀」或「正念」都未能準確表達其巴利詞語 sati 的意思，而且可能令修習者在繼續進修時混淆概念。嚴格來說，正念的對譯應該是 right mindfulness（*Samma Sati*），而非 mindfulness（*Sati*）而已。據德籍巴利學者無著（Analāyo）比丘對於「四念住」（Satipaṭṭhāna）修習的分析，單以念（Sati）並不足以根除煩惱，還需要正知（Clear Comprehension; *Sampajjana*）——即是明確知道生起和滅去的現象，並且精勤地隨觀內在和外在，保持免於慾望和不滿，不執着任何一切，才能夠有效處理源自慾貪和瞋恚的煩惱（Analāyo, 2018）。

此外，「靜觀減壓課程」的「靜觀」練習和佛家的「止觀」有沒有分別呢？

卡巴金將 mindfulness 定義為「有意地、不加批判地留心當下此刻

而生起的覺察，用以培養自我了解、智慧與慈愛。」[10] 大部分相關研究都引用此定義。Gethin（2011）認為雖然這定義只是取用了 sati 部分涵意 —— 留意此時此刻，但是似乎對於實際臨床應用並沒有太大影響，研究發現不少課程的參加者或病人的身心狀況都有所改善。「靜觀」和「止觀」理論上在修習目的和投入時間會有明顯分別，例如，以改善身心健康為主的「靜觀減壓課程」主要為期八週，並建議參加者每天花約一小時練習，適合都市上班族的生活節奏。

佛家禪修主要包括「止」（Samatha）和「觀」（Vipassanā）兩種禪修類別。禪修具有練習的意思。止禪以培養心的專注平靜為目的，可以達至四禪八定的不同程度，一般需要持續數天或數個月不等的訓練。觀禪以透視和滅除煩惱為目的，vipassanā 一般譯作「內觀」，具有內視（Inward Vision）、洞察（Insight）、直覺（Intuition）和審視（Introspection）的意思（Davids & Stede, 2009, p.696）。「止」和「觀」兩者相互配合，缺一不可，才能根除煩惱達致解脫。正念（Samma Sati）在佛教倫理有着重要的領導位置，包括八正道、七覺支和五根等[11]，以上配合正念的條件在以解脫煩惱為終極目標的持續修習中不能被忽視。一般而言，修習止觀之前先受持戒律，才能達致專注平靜的效果。因此，「靜觀」和「止觀」的主要分別在於修習的動機、終極目的、配合的倫理條件和投入的時間。

當代的靜觀文化或正念運動不但提高了世俗社會對心身症療癒方法和身心靈健康的興趣，也引起對西方傳統宗教靈修方法的好奇。近年，無論在西方或是華人地區，基督宗教社群也有探討基督教靈性教育的趨勢，例如英國聖公會的 Tim Stead（2016）探討如何將念配合基督教靈性課程，香港譚沛泉牧師（2014）早幾年推廣基督徒靜觀靈修；香港天主

教會以「覺察靜修」翻譯 mindfulness 一詞，推廣天主教默想教育（博格雷，2021）。宗教和靈性的用詞可以追溯其文化歷史背景的深厚意義，多元化詞彙也反映了人類對於宗教靈性修習理解的豐富知識。

總括而言，在華人地區，對於 MBSR 的翻譯，無論是香港普遍使用的「靜觀減壓課程」抑或台灣普遍使用的「正念減壓課程」均被廣泛接受為當代實證為本（Evidence-based）的世俗靜修課程，可以依照個人的文化背景選取。然而，對於 mindfulness 一詞的翻譯和解釋，從傳統文化研究和教育角度，筆者建議「念」是較為準確的選擇，亦可避免在持續修習時的混淆。當然，更重要的是相關靜修課程的導師和學生可以花時間討論清楚選用詞語的文化源流、意義和目的，使學生能更深入了解而有所獲益。

靈性教育、心理治療和正向價值教育

處於兒童和青少年階段的學生可能會經歷成長的各種脆弱情況和挑戰，包括學業成績、行為問題、情緒問題、同伴關係以及家庭問題等（Lam & Hui, 2010）。有情緒和行為困難的香港學生呈現的挑戰性行為包括攻擊性和破壞性行為等，研究發現這些行為跟經歷焦慮、抑鬱和壓抑憤怒有關（Fung et al., 2015）。學校課程和輔導有迫切需要引入具多元文化的有效方式，以應對學生在學習和行為的價值觀挑戰（Tadlock-Marlo, 2011）。

在強調世俗和包容多元信仰的當代社會裏，要促進兒童和青少年的全人學習（Holistic Learning）或靈性發展，Hay & Nye（2006）建議發展三大類別的靈性感知（Spiritual Sensitivity），包括覺察感知（Awareness Sensing）、神祕感知（Mystery Sensing）和價值感知（Value Sensing）。覺

008

察感知不但指涉心理學家所引用的「專注」，而且有關於一種「具有覺察自我的覺察」的反射性過程。讚歎和敬畏（Wonder and Awe）以及幻想（Imagination）兩者都源自於神祕感知引起的覺察，它引發研究世界的好奇心以及超越生命的經驗。至於生命終極意義的追尋則可以通過價值感知而達致，包括愉快和希望、圓滿美德和意義（Hay & Nye, 2006）。在這個背景下，覺察是培育兒童靈性的一個關鍵條件。

　　不少研究發現通過正念練習提高個人覺察可以提高學生心理健康和幸福感、自尊、自我調節能力、社交技能以及學業成績（Semple, Reid & Miller, 2005; Thompson & Gauntlett-Gilbert, 2008; Weare, 2012）。為青少年提供表達情緒和管理攻擊性的有效培訓，可以減少攻擊性行為，促進和諧和保護生命。心理學家 Waters 等人（2017）提出促進幸福感的正向教育運動的六個關鍵領域：專注力和覺察、情緒、理解和應對、目標和習慣、美德、關係。培養覺察和關愛在青少年面對挑戰方面發揮顯著的作用（Bluth & Blanton, 2014）。專注和社會情感技能可以增加學習參與度和減低破壞性行為（Rabiner, Godwin & Dodge, 2016）。青少年正念和自我關愛（Self-compassion）訓練已被證實可以有效減輕壓力，提高生活滿意度、正向影響和幸福感（Bluth & Blanton, 2014; Lau & Hue, 2011; Neff, 2003）。

　　研究證據顯示具有特殊教育需要的兒童和青少年，包括注意力缺乏和多動症、自閉症和攻擊性行為模式均受益於正念為本的介入訓練（Singh et al., 2011; Zylowska et al., 2008）。在西方和華人社會的研究，腳底練習（Soles of the Feet；簡稱 SoF）可以幫助自閉症兒童和青少年顯著減少攻擊性和破壞性行為（Ahemaitijiang et al. 2019; Singh et al., 2011; Singh et al., 2017）。接受過正念培訓的學生可以通過建立覺察而

獲得更大的自我調控和洞察力。筆者（Lau, 2017）建議可以三層支援架構方式在學校引入正向教育和正念訓練（請參閱「職前和在職教師的正向價值教育」一章）。

以正念為本的心理治療課程或許可以針對個別受助者的需要而提供治療方法，不過，學校並非心理治療診所，主流學校教育也不能夠只為個別學童提供輔導服務。學校教育提供學生群體學習的機會，學生可以藉此學習人際相處的正向價值，包括尊重、公平、慈愛、同理心等。除了提倡正向價值教育，教育工作者也可以參考全人教育，以應對當代教育制度下支離破碎的根本問題。

回歸教育本懷的全人教育
—— 促進平衡、包容和聯繫

為了配合工業社會需要，仿效工業生產模式的三級制學校自20世紀初應運而生（陸鴻基，2009），學校的運作如流水作業（Assembly Line）般細密分工，每位老師負責教授幾個學科和項目工作，學期末學生需要接受品質檢查的測驗考試。面對20世紀後期資本主義全球化的知識型年代，市場基要主義被引入教育改革，促成學校私營化和教育商品化，一般學校要忙着為評估指標項目準備文件工作，學校教育如企業商品，校本管理下的校長如企業總裁，學生和家長成為了持份者。

英國學者 Stephen Ball（2003）形容教育商品化是「教師靈魂」的爭奪。在業績主義下，校長教師成為受評核者，教師要應付不同的新計劃，以彰顯學校的與眾不同和進取，文書工作於教改後急升一倍以上（劉雅詩，2021）。千禧後有多個香港教師工會調查研究指出教師工種和工作量有增無減，難以負擔，有大比例的教師出現耗竭（Burnout)、焦慮和抑鬱徵兆。教改都是邁向好的方向，例如學會學習、終生學習、以學生為本的教學、融合教育等。可是，不斷增加的工作欠缺充足的行政支援，過分或只是依賴量化評核可能破壞教育的本質。教師被沒完沒了的行政工作埋沒，被迫減少休息時間跟學生和家長溝通，也失去了個人喘息的空間，教師生病選擇轉行離職，教育質素難以維持。畢竟教育並非只是為了追求各類數字，教育是心靈召喚的職志（Vocation），教師每天忠於自己良知德性照顧學生的身心發展，學生幸福成長是教師工作最大的動力。

具備多年靜修經驗的教育學者 John Miller（2007）指出全人教育（Holistic Education）使人們意識到需要治癒自工業化以來產生的自我、社會、教育系統和生態環境的碎片化（Fragmentation）。三個基本原則支援全人教育和自然的根本現實保持一致：平衡（Balance），包容（Inclusion）和聯繫（Connection）。第一個原則「平衡」，重視相互支援的重要性，如陰陽之間的平衡。在教育系統中，這一原則涉及群體與個人、量性和質性評估、以及想像力和知識之間的平衡，以免側重某一方面而造成失衡。第二個原則「包容」，考慮了各種教育方向的整體聯繫：傳播、交易和轉型。在教育系統中，這一原則涉及學生整個自我的發展，而不是知識的認知和技術傳遞。最後一個原則着重於在各種情境中將碎片建立聯繫：線性思維和直覺、身心之間的關係、自我與社區之間的關係，以及個體和自己靈性的關係（Miller, 2007, pp. 7-14）。正念教育的實踐可以有助師生培育覺察、接納和平衡，也能培育慈愛和關愛（Miller, 2018），實踐全人教育。

韓愈道：「師者，傳道、授業、解惑也。」大部分教師立志為教育獻上自己一生的心力，通過正念實踐全人教育，教師和學生可以透過

培養「對生命的敬畏和神聖感」，促進彼此的靈性健康，增強應對挑戰的抗逆力，培養人文素養和宗教靈性，以生命影響生命。

致謝

筆者感謝馬淑華博士、Eric Greene 博士、朱慶之教授和劉裕女士對本文提供資料；也非常感謝馬淑華博士、盧希皿博士、李子建教授和張婉文博士抽空對修訂本文提供建議。

註釋

1　Conference of "Changing Boundaries: Mindfulness, Spirituality and Education", Centre for Spiritual Capital, Dublin City University, July 4th – 5th, 2013.

2　卡巴金在開展 MBSR 之前已修習韓國禪和瑜伽多年 (Kabat-Zinn, 2011)。

3　"The state or quality of being mindful; attention; memory; intention; purpose" www.oed.com (Gethin, 2011)

4　聖公會牧師威廉斯 (Mark Williams) 於 2019 年 4 月 28 日在香港中文大學的演講《靜觀、宗教和靈性》https://www.cuhkcmrt.cuhk.edu.hk/zh-hk/gallery/9

5　筆者曾請教佛典古漢語專家學者 Eric Greene 博士和朱慶之教授等，暫時未能確認梵語 smṛti 一詞的漢譯最早出現的文獻和時間。

6　《中阿含經》卷第二十四 http://tripitaka.cbeta.org/T01n0026_024

7　馬淑華博士向筆者提供資料。筆者於 1998 年在香港的伊利沙伯醫院首次跟馬博士會面，聆聽她分享教授病人 MBSR 課程的經驗。

8　有關程顥研究可以參考熊琬 (1991) 有關宋明理學與佛學之淵源，感謝劉裕女士向筆者提供資料。

9　以「靜觀」作為關鍵詞，在中華電子佛典協會網站 (俗稱 CBETA) 共有 494 次搜尋結果，大部份早期漢譯經典呈現的搜尋結果是「……靜，觀……」，例如唐代玄奘所譯的《大般若波羅蜜多經》中有「觀察內空寂靜，觀察外空乃至無性自性空寂靜……」參考網頁 https://cbetaonline.dila.edu.tw/search/?q=%E9%9D%9C%E8%A7%80&lang=zh

10　卡巴金在 2014 年演講中重申對 mindfulness 的定義 "Mindfulness is the awareness that arises from paying attention on purpose in the present moment non-judgmentally in the service of self-understanding, wisdom and compassion." Mindfulness and Learning: An Interdisciplinary Symposium, hosted by John Hopkins University on September 29, 2014. 馬淑華博士向筆者提供資料。

11　八正道包括正見、正思惟、正語、正業、正命、正念、正定和正精進；七覺支包括念、擇法、精進、喜、輕安、定和捨；五根包括信、念、定、精進和慧。詳細討論可見 Analāyo (2018)。

參考資料

林瑞芳（2021）:《靜觀自得》，香港，皇冠出版社。

哈拉瑞著，林俊宏譯（2021）:《人類大命運：從智人到神人》，台北，天下文化。

香港心理學會臨床心理學組（2017）:《靜觀：觀心‧知心‧療心》，香港，知出版社。

陸鴻基（2009）:《心靈何價？資本主義全球化下的教育與心靈：基督宗教與中華文化傳統的回應》，香港，香港中文大學崇基學院。

博格雷著，教區婚姻與家庭牧民委員會譯（2021）:《與主相遇公教徒的覺察靜修》，香港，教區婚姻與家庭牧民委員會。

無著比丘 Bhikkhu Anālayo 著，香光書鄉編譯組（2018）:《念住：通往證悟的直接之道》，台北，香光出版社。

熊琬（1991）:宋代性理思想之淵源與佛學（禪學），《佛教的思想與文化 —— 印順導師八秩晉六壽慶論文集》，165-216。

劉雅詩（2021.3.10）:還可以重拾教育的神聖嗎？《明報》。

譚沛泉（2014）:《基督徒靜觀靈修》，香港，基督徒靜觀靈修學會有限公司。

Ahemaitijiang, Hu, X., Yang, X., & Han, Z. R. (2019). Effects of Meditation on the Soles of the Feet on the Aggressive and Destructive Behaviors of Chinese Adolescents with Autism Spectrum Disorders. *Mindfulness*, *11*(1), 230–240.

Ball, J. S. (2003). *Class Strategies and the Education Market: The Middle Classes and Social Advantage*. London: RoutledgeFalmer.

Bluth, K. & Blanton, P. W. (2014). Mindfulness and self-compassion: Exploring pathways to adolescent emotional well-being. *Journal of Children and Family Studies*, 23, 1298-1309.

Davids, T. W. R. & Stede, W. (Eds) (2009). *The Pali Text Society's Pali–English Dictionary.* Chipstead: Pali Text Society.

Fontana, D. (2007). Meditation. In M. Velmans & S. Schneider (Eds.), *The Blackwell companion to consciousness* (pp. 154–162). Oxford: Blackwell Publication.

Fung, A. L. C., Gerstein, L. H., Chan, Y., & Engebretson, J. (2015). Relationship of aggression to anxiety, depression, anger, and empathy in Hong Kong. *Journal of Child and Family Study*, 24, 821-831.

Gethin, R. M. L. (2001). *The Buddhist Path to Awakening.* Oxford: Oneworld Publications.

Gethin, Rupert. (2011). On some definitions of mindfulness. *Contemporary Buddhism*, *12*(1), 263-279.

Hay, D., & Nye, R. (2006). *The Spirit of the Child.* London: Jessica Kingsley Publishers.

Heelas, P. & Woodhead, L. (2005). *The Spiritual Revolution: Why Religion is Giving Way to Spirituality.* Oxford: Blackwell.

Hickey, W. (2019). *Mind Cure: How Meditation Became Medicine.* New York : Oxford University Press.

Kabat-Zinn, J. (2011). Some reflections on the origins of MBSR, skillful means, and the trouble with maps. *Contemporary Buddhism*, *12*(1):

281-306.

Lam, S. K. Y., & Hui, E. K. P. (2010). Factors affecting the involvement of teachers in guidance and counselling as a whole-school approach. *British Journal of Guidance & Counselling, 38*(2), 219-234.

Lau, N. S. & Hue, M. T. (2011). Preliminary Outcomes of a Mindfulness-based Programme for Hong Kong Adolescents in Schools: Well-being, Stress and Depressive symptoms. *International Journal of Children's Spirituality, 16*(4): 305-320.

Lau N. S. (2014). Changing Buddhism in Contemporary Chinese Societies, with special reference to meditation and secular mindfulness practices in Taiwan and Hong Kong (MPhil thesis). Oxford: Institute of Social and Cultural Anthropology, University of Oxford.

Lau, N. S. (2017) Chapter 5 Application of mindfulness approaches for promoting mental health of students in school counselling. In Ming-tak Hue (ed.) *School counselling in Chinese Context: School practice for helping students in needs in Hong Kong.* Abingdon: Routledge.

Lau, N. S. (2021) Pilgrimage, travelling gurus and transnational networks: Lay meditation movement in Contemporary Chinese societies. In Jayeel Serrano Cornelio, Francois Gauthier, Tuomas Martikainen and Linda Woodhead (eds.) *Routledge International Handbook of Religion in Global Society.* Abingdon: Routledge.

McMahan, D. (2008). *The Making of Buddhist Modernism.* Oxford: Oxford University Press.

Miller, J. P. (2007). *The Holistic Curriculum (2nd ed.).* Toronto: OISE Press.

Miller, John P. (2018). *Love and Compassion: Exploring Their Role in Education.* Toronto: University of Toronto Press.

Neff, K. D. (2003). Self-compassion: An alternative conceptualization of a healthy attitude toward oneself. *Self and Identity*, 2, 85-101.

Pickert, K. (2014). The mindful revolution. *Time,* pp. 38-38, February 3, 2014.

Rabiner, D. L., Godwin, J., & Dodge, K. A. (2016). Predicting academic achievement and attainment: The contribution of early academic skills, attention difficulties, and social competence. *School Psychology Review*, *45*(2), 250-267.

Semple, R. J., Reid, E. F., & Miller, L. (2005). Treating anxiety with mindfulness: An open trial of mindfulness training for anxious children. *Journal of Cognitive Psychotherapy*, 19(4), 379-392.

Singh, N. N., Lancioni, G. E., Manikam, R., Winton, A. S., Singh, A. N., Singh, J., & Singh, A. D. (2011). A mindfulness-based strategy for self-management of aggressive behavior in adolescents with autism. *Research in Autism Spectrum Disorders*, *5*(3), 1153-1158.

Singh, N., Chan, J., Karazsia, B., Mcpherson, C., & Jackman, M. (2017). Tele-health training of teachers to teach a mindfulness-based procedure for self-management of aggressive behavior to students with intellectual and developmental disabilities. *International Journal of Developmental Disabilities*, *63*(4), 195-203.

Stead, T. (2016). *Mindfulness and Christian Spirituality.* London: SPCK Publishing.

Tadlock-Marlo, R. L. (2011). Making minds matter: Infusing mindfulness into school counseling. *Journal of Creativity in Mental Health*, 6, 220-233.

Thompson, M., & Gauntlett-Gilbert, J. (2008). Mindfulness with children and adolescents: Effective clinical application. *Clinical Child Psychology and Psychiatry*, 13, 395-407.

Waters, L., Sun, J., Rusk, R., Cotton, Al, & Arch, A. (2017). Chapter 20, Positive education: Visible wellbeing and positive functioning in students. In M. Slade, L. Oades & A. Jarden (Eds.). *Wellbeing, recovery and mental health* (pp. 245-264). Cambridge: Cambridge University Press.

Weare, K. (2012). Evidence for the impact of mindfulness on children and young people. *The Mindfulness in Schools Project in association with Mood Disorders Centre*. Retrieved from http://mindfulnessinschools. org/

Weber, M. (1958). *The Religion of India: The Sociology of Hinduism and Buddhism*. Glencoe, IL: Free Press.

Williams, J. M. G. & Kabat-Zinn, J. (2011). Mindfulness: diverse perspectives on its meaning, origins, and multiple applications at the intersection of science and dharma. *Contemporary Buddhism, 12*(1), 1-18.

Wilson, J. (2014). *Mindful America: Meditation and the Mutual Transformation of Buddhism and American Culture*. New York: Oxford University Press.

Zylowska, L., Ackerman, D. L., Yang, M. H., Futrell, J. L., Horton, N. L.,

Hale, T. S., & Smalley, S. L. (2008). Mindfulness meditation training in adults and adolescents with ADHD: A feasibility study. *Journal of Attention Disorders*, *11*(6), 737-746.

靜觀、正念培育與生命教育

李子建教授

現任香港教育大學課程與教學講座教授、宗教教育與心靈教育中心總監、卓越教學發展中心聯席總監及可持續發展教育中心聯席總監，亦榮獲「聯合國教科文組織區域教育發展與終身學習教席」、中國教育部授予長江學者講座教授名銜，並兼任「東南亞教育部長組織」研究員。李子建教授亦是「明日教師：生命教育與品德領袖培訓計劃」召集人。李子建教授聯同詹志勇教授、鄒倩賢博士及其他教大項目團隊成員共同策劃及推行的「樹木保育 —— 推廣生命教育與科學普及 (TALE)」項目，在 2021 年 3 月舉行的日內瓦國際發明展獲得銀獎，以及同年在第六屆加拿大國際發明及創新比賽獲得金獎、國際特別獎。

序言 —— 靜觀、正念與生命教育的意涵

就名詞而言，「靜觀」的使用在香港似乎較為普遍，「正念」則在香港以外的華文地區較為常用（陳健欣，2020.04.29）。筆者從生命教育的視角對正念或靜觀的介紹引出部分相關問題供大家共同思考：（一）如何以不批判的態度或眼光看待自己、對待他人與世界（正念或靜觀方法）（甚麼天道或宗教信仰）（近似生命教育中的「天、人、物、我」〔王秉豪等，2016；李子建，2022〕）？（二）正念或靜觀如何及能否培養「同理、友善、接納、仁義和耐心」等特質（馮淑玲，2020.05.15）？又如何令自己與旁人在生活及工作中有更多的空間？（修訂自正念靜觀中心，無日期）。

張慧如和張懿華（2017，頁 281-288，經修訂）經歷了初步八週的正念教育，大致上可指述為（一）生活態度的新發現；（二）尋找生活

中的感動時刻；（三）面對不愉快的氣息轉換，應當愛自己；（四）施予和接受的心情；（五）原諒對方抑或選擇釋放自己；（六）正念呼吸3分鐘足矣；（七）抬頭仰望或是低頭俯瞰；（八）行禪以及無揀擇的旅途。其中的關鍵似乎是如何學會面對自己，如何以正念態度生活和從情緒的桎梏中釋放或者走出來（張慧如、張懿華，2017，頁284），這需要我們更深入地思考和互相分享。相關的靜觀課程或經驗很多，其中由美國哈佛大學 Christopher Germer 和 Kristin Neff 發展的「靜觀自我關懷」課程，包括三大元素，包括善待自己（Self-kindness）、共通人性（Common Humanity）和靜觀當下（Mindfulness）（Neff & Germer, 2013, pp. 28-29；陳婧，2021.09.13）。簡單而言，這種取向是接納自我在生命的路途上面對痛苦和困難，也宜溫柔而不批評自己（包括自己的弱點），並面對自己正面和負面的情緒。正如謝傳崇（2019）引用 Germer 等人（2008）的文獻指出，正念是一種「核心的感知過程」，對提升個人在「自我接納、關懷與勇氣」（Dobkin, 2008）方面有一定的作用，亦可運用於學生的情緒管理（Lawlor, 2014）、專注力（Willis & Dinehart, 2014; Zeidan et al., 2010; Zenner et al., 2014）、認知功能（Hölzel et al., 2011; Lao et al., 2016）等方面（謝傳崇，2019，頁6）。「正念」部分源於 Langer（1989）的概念，類近以多元角度看待事物（謝傳崇，2019，頁7；Delizonna & Anstedt, 2015）。謝傳崇認為正念的內涵包括具有彈性的活在當下，也包含「不偏不倚」的念頭（謝傳崇，2019，頁8及11）。Shapiro 與 White（2014）指出正念包括意向、注意和態度三個元素，與生命教育中的「知、情、意、行」（王秉豪等，2016）中的「情、意」部分相近，在提及的內容當中，較着重的是保持「開放、仁慈和好奇」的態度（謝傳崇，2019，頁12；2018，頁70及74）。

　　香港教育大學整全成長發展中心在 2019-2020 年安排了「靜觀綠洲」午間小敘，包括下列活動（香港教育大學整全成長發展中心，無日期）：

系列（活動）	香港教育大學及香港理工大學導師	內容（例子）
靜觀師生及父母心	郭懿德	• 靜觀的簡介 • 靜心的步行 • 靜坐和靜觀呼吸
五常和靜觀八段錦在生活中的初體驗	陳浩雲	• 學習和體驗樂天的五常生活 • 學習和體驗靜觀八段錦
用古老智慧來處理憤怒（教育篇）	劉雅詩	• 覺察的伸展、步行和呼吸 • 慈心練習 • 短講分享
靜觀：滋養身心	翁婉雯	• 減壓活動 • 靜坐及靜觀呼吸 • 靜觀伸展及身體掃描
疫（逆）境中的祥和平安	郭懿德	• 分享及探詢 • 慈心故事及祝福等

（另，可參考《「靜觀綠洲」午間小敘——予君·言心》以及《追求幸福感的正向教育——靜觀恩情攝影集》）

　　正念的練習方法頗為多元化，潘心慧翻譯（温恩·金德 Kinder，2020）《深呼吸，靜下來：給孩子的正念練習》建議從六個方面——集

中注意力（Focus）、平靜（Calm）、動一動（Move）、變動（Change）、關愛（Care）及反思（Reflect）作為孩子管理和調整心情和情緒的方法（Kinder, 2020）。雖然坊間一般開設八週的正念或靜觀課程，但在兒童和青少年的角度來說，每次正念課程時間長度不宜太長，而且以長期、連續及系統性方式進行規劃和實現較為適合（黃鳳英，2015，2019；馮豐儀，2021，頁214）。佛教也講「正念」的修持工夫和理念。例如慧開法師（2019.02.03，2019.02.10，2019.02.17）討論平日如何令自我「制心一處、正念現前」（慧開法師，2019.02.03），其中的關鍵是能否降伏不善念及惡念，並且生起善念和正念。因此我們要思考下列一些問題（經修訂）：（一）有哪些人和事物令你念念不忘、不能放下或不能取捨？為甚麼？（二）有甚麼事情和計劃目標是你很想完成，並會令你覺得很有人生意義和感到興奮或開心？為甚麼？就佛法的觀點而言，「正念現前」和「一心不亂」有賴「信、願、行」的功夫（慧開法師，2019.02.10），值得注意的是「一心不亂」要結合日常生活「所謂出世間法」（慧開法師，2019.02.17）。

正念生活的教育

正念教育的實踐宜與日常生活結合，Jenna Templeton（無日期）分享了一些正念生活的祕訣，例如放慢步調、運用所有感官、養成寫感恩日記的習慣、注意腦部健康和練習自我疼惜等。此外，正念飲食，例如下廚煮飯、細嚼慢嚥等都是可以嘗試的方法。一行禪師是把「正念」帶進西方及全球的先行者之一，在一行禪師及其弟子創

立的梅村，正念修習由對呼吸和腳步的正念開始，以行禪作為覺察自己行走方式的修習方法，並透過五感，感受當下。此外，坐禪的藝術讓參與者感到輕鬆自在，享受滋養療癒，感受與內在的一切同在（Plum Village，無日期 b）。在梅村，修行者以正念進食，誦讀五觀，把食物當作宇宙、地球、天空的禮物，以感恩之心進食（由 2007 年 10 月以來遵循全素飲食），並透過慈悲心和服務眾生的理想培養和修習正念。此外，正念也重視休息和其他修習方法，如茶禪、擁抱禪等（一行禪師，2015，2019）。讀者若對一行禪師的生命思想有興趣，除了參看他的著作，亦可參考《溫暖人間》的 470 期《與一行禪師同行》（2017.08.14）及 587 期《追憶一行禪師 親愛的 我永遠都在》（2022.02.17）的相關文章。2022 年初冠狀病毒病疫情復熾，建議部分人士在自我隔離或是被強制隔離期間進行「14 天自處正念生活指南」（一行禪師，2018）。每天正念日程除了起床整理，靜心和自由時間，正念步行，正念早、午、晚餐外，也包括閱讀、書寫、新聞或資訊、運動與瑜伽、身體放鬆與深度休息時間等。在一行禪師《正念生活藝術》一書中，他闡明「轉心禪修七法」（Transformative Meditation），包括諦觀空、無相、無願三解脫門，諦觀無常、諦觀無貪、諦觀放下等法門，觸及佛教涅槃的寧靜和自在（一行禪師，2018；鄭振煌，2021）。

Niemiec（2012）指出一行禪師的五種正念修習（Nhat Hanh & Cheung, 2010）和正念生活的培養，通過正向心理學的一種途徑（Pathway），即品格強項（Character Strengths）進行干預，下以表列方式經修訂和簡化後呈現（Niemiec, 2012）：

023

一行禪師的 正念訓練 (Nhat Hanh & Cheung，2010； 為筆者所譯)	背後的內涵 (Niemiec，2012；詳見 Plum Village，無日期 a)	可能涉及相關的品格強項 (Niemiec，2012)
1. 對生命的尊重 (Reverence for Life)	• 開放性、非歧視和 不執着 • 增加仁慈／慈悲心 • 由自己至所有生物 (p.26)	• 判斷／批判性思維及公平 (Fairness) 強項 • 勇敢強項 (例如反對殺生) • 欣賞美感強項 (pp.26-27)
2. 真正的快樂 (True Happiness)	明白快樂與痛苦／受 苦的連結，重視慷慨 (Generosity) 和理解 (p.27)	• 給予 (Give) 與仁慈的強項 • 感恩 (Gratitude) 的強項 • 團隊與領導 (「我們」) 的強項 (p.27)
3. 真正的愛 (True Love)	對關係的承諾，避 免兒童受到性虐待 (Sexual Abuse) 等 (pp.27-28)	• 謹慎 (Prudence)，以心為本 的強項 (例如好奇心) • 誠實 (Honesty)／誠信 (Integrity) 的強項 • 視覺 (Perspective) 社交智 能 (例如「中庸」(Golden Mean) 的美德) 的強項 • 重視慈愛 (Loving Kindness) (p.28)
4. 愛的言語和深 度的聆聽 (Loving Speech & Deep Listening)	重視同情心 (Compassion)、仁 慈 (Kindness) 以及 好奇心 (pp.28-29)	• 愛、社交智能、謙遜 (Humility) 和自我調整 (Self-regulation) 等強項 • 同情心及仁慈強項 • 寬恕 (Forgiveness) (p.29)

一行禪師的正念訓練 (Nhat Hanh & Cheung，2010；為筆者所譯)	背後的內涵 (Niemiec，2012；詳見 Plum Village，無日期 a)	可能涉及相關的品格強項 (Niemiec，2012)
5. 培養 (Nourishment) 及療癒 (Healing)	減少非正念的消費、培育良好身心的健康（包括自己、家庭和社會層次），實踐正念飲食和正念消費 (pp.29–30)	• 自我調整強項 • 多元強項以實踐正念的消費取向 • 希望、堅毅和謹慎強項（以建立健康目標） (p.30)

　　近年，有些學者較多探討正念／靜觀與品格強項的綜合（部分或全面的），日後有待更深入的研究來證明並核實兩者的協同效應，以及探討對特殊兒童（例如殘疾）的應用（Shogren et al., 2017）。另一方面 Chinnery（2017）提出「四步 MAC 指南」（4-Step MAC Guide）作為實踐和反思正念生活的方法，包括：（一）同理心地承認（Empathic Acknowledgement）；（二）有意圖地注意（Intentionally Paying Attention）；（三）沒有判斷的接納（Accepting Without Judgment）；（四）願意地選擇你的經驗（Willingly Choosing Your Experience）（童敏、許嘉祥，2018，頁 107）。Chinnery（2017）的《正念生活的工具（第三版）》（書名為筆者所譯）列舉了不同活動，以及每天的正念日記及正念覺察反思記錄，如若讀者對上述內容感興趣，可進一步了解及參考。

　　在祖國，正念在學校層面的項目開始受到注視，也有一些初步方面的成果（Xie & Tu, 2019），但 Xie 及 Tu（2019, p.241）認為正念／

靜觀教育需要系統性地推行，需要把西方的正念／靜觀教育理論本土化（建構中國特色）。王秉豪（Wong, 2021, p.48）指出正念／靜觀的最直接特徵為靜（Quietude）、專注（Concentration）、誠（Sincerity）及敬（Reverence），而這些特徵都受中國傳統文化所重視。王秉豪（2021）亦從朱熹（Zhu Xi）的閱讀和生活方式探討其修養（Tan, 2021a），某程度上與正念的內涵契合（Wong, 2021, p.54, 74）。另一方面，林之丞和夏允中（2019）指出儒、道、佛的靜覺是以道德理性為本的自我修養，達至或邁向聖人、真人或成佛的境界（頁76），而且靜覺修養可能促進人生圓滿，或者類近正向心理學提出的真實且持久的快樂（頁77）。陳惠萍（Tan, 2021a, 2021b, p.358）認為「敬」宜翻譯為「Respectful Attention」（尊敬的關注），而「敬」在《論語・衛靈公》可翻譯為「全神關注」（Full Attention）（見《論語・衛靈公》第38章）和「尊敬」（Respect）（見《論語・憲問》第42章、《論語・衛靈公》第6章及第33章、《論語・子張》第1章）（Tan, 2021b, p.358）。「敬」本身從寬廣的生命情感價值教育來說，可理解為「生命存在的原初態度和道德情感」，是待人接物和處事的態度及修身的儀則，也是生命追求的終極關懷和價值取向（付粉鴿，2016，頁57、60及61），正如孔子所言的「三畏」（敬畏）即畏天命、大人以及聖人之言（《論語・季氏》）（頁61）。朱景東（2011）提及君子九思中的「事、思、敬」是從專注開始，並透過專注的勞動，達致喜悅（《淨土》雜誌）。

李崗和王襄銘（2011，頁137-139）指出孔子思想中的「修己以敬」（頁132）以及「依於仁」（頁127）和「志於道」是對後現代社會的回應。

「修己以敬」反映道德責任的承擔，涉及個人的修養，擔任不同社會角色（例如作為兒女、學生、教師等）時謹慎、認真地對待和履行義務及責任，也觸及「自律」（頁138）、「慎獨」（頁139）的功夫，同時也實踐「仁」的精神，例如子曰：「夫仁者，己欲立而立人，己欲達而達人」（《論語・雍也》），近似回應生命教育中的「人、我」（王秉豪等，2016；李子建，2022）部分德性互動（頁139-140）。陳惠萍教授有關正念教育的近作也從儒家和基督學的傳統中找到很多亮點和智慧，如若讀者對上述內容感興趣，可深入了解及參考相關著作（Tan, 2021c）。

台灣南華大學通識教育訂立「正念靜坐」領域課程開設原則，其中一個特色為與生命教育中的身心靈成長連結起來，並涉及人與自己、他人、社會自然以及宇宙（王秉豪等，2016；李子建，2022）等層面。課程內容包括身體掃描、正念日記、飲食、靜坐、行走及伸展等（Lee, et al., 2021；李子建，2022；南華大學，2021）。就香港的情況而言，香港大學林瑞芳教授領導的團隊開展賽馬會「樂天心澄」靜觀校園文化行動（2019），也有其他機構組織不同類型的靜觀項目和活動（例如香港聖公會輔導服務處、香港中文大學敬霆靜觀研究與培訓中心等），讀者宜多請教專業人士和專家了解相關情況。日後，教育界可探討不同類型的正念課程，例如教師的正念減壓研習（蔡琇惠，2022）、情緒管理正念課程、減壓課程、正念通識選修課程、學業成就正念課程（陳景花、余民寧，2018，頁90-91）、正念生命教育課程（李燕蕙，2014）、正念生活課程（鮑威爾，2017.06.06）、兒童正念教育課程（謝宜華、黃鳳英，2020，頁29）等。

結語

　　筆者必須申明的是，本人未曾接受正式靜觀／正念類別的訓練和相關經歷，而本文較多是從寬廣的生命教育去初步探討靜觀／正念教育與生命教育（也包含道德教育）的可能關聯（李子建，2022；Lee et al., 2021），實屬拋磚引玉之舉。温宗堃（2017）認為「……當代正念課程，可以說是既是西方的，也是佛教的；既是現代的，也是傳統的。」（頁181）日後，正念教育的研究和實踐工作者與其地宗教或生命教育者相信有一些對話的空間和可能性（温宗堃，2017）。

聲明及鳴謝

本章部分內容曾載於《生命教育：理論基礎、取向和設計》（李子建主編，2022）（可參看第5章及第14章），以及由李子建主編之《生命與價值觀教育：視角和實踐》中的「靜觀教育」（劉雅詩、李子建，2022）。

本文所發表內容及觀點僅代表李子建個人的意見，並不代表香港教育大學及其立場。

筆者李子建特別感謝香港教育大學整全成長發展中心的「靜觀綠洲」項目對本文提供的協助，以及感謝劉雅詩博士的意見和郭懿德女士的分享。

參考資料

一行禪師著，吳茵茵、張怡沁譯 (2019)：《跟一行禪師過日常》，台北，大塊文化。

一行禪師著，吳茵茵譯 (2015)：《怎麼吃》，台北，大塊文化。

一行禪師著，陳麗舟譯 (2018)：《正念生活的藝術》，台北，商周出版。

王秉豪、李子建、朱小蔓、歐用生、吳庶深、李漢泉、李璞妮主編 (2016)：《生命教育的知、情、意、行》，新北，揚智文化。

付粉鴿 (2016)：生存態度與生命情感：孔子「敬」思想的人學意蘊，《孔子研究》，2，頁 57-63。

台灣明志科技大學通識教育中心 (無日期)：正念是將注意力放在當下，檢自 https://ge.mcut.edu.tw/p/412-1018-6085.php?Lang=zh-tw，檢索日期：2022.6.10

史蒂夫‧約翰‧鮑威爾 (Powell, S. J.) (2017.6.6)：全世界都在學習的日本正念禪修，檢自 https://www.bbc.com/ukchina/trad/vert-tra-40177111，檢索日期：2022.6.10

朱景東 (2011)：君子九思與生活中的修行，《淨土》，6，檢自 http://big5.xuefo.tw/nr/article12/121379.html，檢索日期：2022.6.10

李子建主編 (2022)：生命教育：理論基礎、取向和設計，台北，元照出版。

李崗、王襄銘 (2011)：後現代的道德教育如何可能？——孔子思想的新詮與回應，《市北教育學刊》，40，頁 115-145。

李燕蕙（2014）：師生逍遙共舞 —— 中小學正念生命教育藍圖，《師友月刊》，561，頁 9-13。

林之丞、夏允中（2019）：從儒釋道到靜覺的自我修養模式：正念的重新思考，《本土心理學研究》，52，頁 69-114。

南華大學（2021）：南華大學通識教育「正念靜坐」領域課程開設原則，檢自 https://nhuwebfile.nhu.edu.tw/UploadedFiles/2021/6/c2271a05-9113-4440-905d-9e302bc14efc.pdf，檢索日期：2022.6.10

香港中文大學敬霆靜觀研究與培訓中心（無日期）：關於靜觀，檢自 https://www.cuhkcmrt.cuhk.edu.hk/zh-hk/about-mindfulness，檢索日期：2022.6.10

香港教育大學整全成長發展中心（2021）：《追求幸福感的正向教育 —— 靜觀恩情攝影集》，香港，香港教育大學整全成長發展中心，檢自 https://drive.google.com/file/d/1SgVbYJ2y9_QFra82WKhEmkysq3gSCfas/view，檢索日期：2022.6.10

香港教育大學整全成長發展中心（2021）：《「靜觀綠洲」午間小敘 —— 予君‧言心》，香港，香港教育大學整全成長發展中心，檢自 https://drive.google.com/file/d/1mT43wphdoiQ5klpRYF96TJIxSV0qCmDc/view，檢索日期：2022.6.10

香港教育大學整全成長發展中心（無日期）：「靜觀綠洲」午間小敘，檢自 https://www.eduhk.hk/iwell/zh/projects/mrc/oasis.html，檢索日期：2022.6.10

追憶一行禪師 親愛的 我永遠都在（2022.2.17），《溫暖人間》，587。

張慧如、張懿華（2017）：穿透情緒的內觀力量 —— 正念教育初體驗，《台灣教育評論月刊》，6（9），頁 281-284。

陳健欣（2020.4.29）：靜觀：讓自己「選擇下一刻」的智慧，《關鍵評論：生活》，檢自 https://www.thenewslens.com/article/134409，檢索日期：2022.6.10

陳婧（2021.9.13）：「靜觀」和「靜觀自我關懷」，Illuminate Psychotherapy & Growth，檢自 https://www.illuminate.com.hk/post/mindfulness-mindful_self-compassion_chi，檢索日期：2022.6.10

陳景花、余民寧（2018）：正念在台灣學校的影響：系統性回顧及後設分析，《中華輔導與諮商學報》，51，頁 67-103。

温宗堃（2017）：批判正念：當代正念課程的批判與回應，《福嚴佛學研究》，12，頁 103-118。

温恩・金德（Kinder, W.）著，潘心慧譯（2020）：《深呼吸，靜下來：給孩子的正念練習》，香港，新雅。

童敏、許嘉祥（2018）：如實感知中的心靈解放：增能策略的東方視角，《浙江工商大學學報》，5，頁 105-114。

馮淑玲（2021.5.15）：「學生心靈健康」靜觀有益提升專注 學校推廣 培養學生活好人生。《星島網：親子王》，檢自 https://std.stheadline.com/smartparents/article/608/ 教養溝通 - 學生心靈健康 - 靜觀有益 提升專注 - 學校推廣 - 培養學生活好人生，檢索日期：2022.6.10

馮豐儀（2021）：正念教育之我見我思，《台灣教育評論月刊》，10（1），頁 212-216。

黃鳳英（2015）：兒童正念教育，《國民教育》，55（1），頁 32-42。

黃鳳英（2019）：從正念療癒機制論述台灣正念教育發展，《應用心理研究》，70，頁 41-76。

與一行禪師同行（2017.8.14）：《溫暖人間》，470。

劉雅詩、李子建（2022）：靜觀教育，輯於李子建主編《生命與價值觀教育：視角和實踐》，香港，中華教育。

慧開法師（2019.2.3）：【生死自在】現代人如何修持「一心不亂」與「正念現前」？（一），《人間福報》，檢自 https://www.merit-times.com/NewsPage.aspx?unid=540556，檢索日期：2022.6.10

慧開法師（2019.2.10）：【生死自在】現代人如何修持「一心不亂」與「正念現前」？（二），《人間福報》，檢自 https://www.merit-times.com/NewsPage.aspx?unid=540974，檢索日期：2022.6.10

慧開法師（2019.2.17）：【生死自在】現代人如何修持「一心不亂」與「正念現前」？（三），《人間福報》，檢自 https://www.merit-times.com/NewsPage.aspx?unid=541840，檢索日期：2022.6.10

樂選講者（無日期）：歐美風行的 mindfulness（靜觀／正念）是甚麼？禪定與冥想的分別，《好分享生活圈》，檢自 https://good2share.app/歐美風行的 mindfulness-靜觀-正念）是甚麼？禪定與冥想的/，檢索日期：2022.6.10

蔡琇惠（2022.1.24）：教師正念減壓研習 新北首推體育班融入課程，《中華新聞雲》，檢自 https://www.cdns.com.tw/articles/527513，檢索日期：2022.6.10

鄭振煌（2021）：般若經論對三三昧之會通，《法光》，379，頁 1-9，檢自 http://buddhism.lib.ntu.edu.tw/FULLTEXT/JR-BJ013/bj013614421.pdf

謝宜華、黃鳳英（2020）：正念教育課程對國小高年級學童情緒調適能

力及人際關係之影響。《教育心理學報》，52（1），頁 25-49。

謝傳崇（2018）：發展有意義的學校：校長正念領導之探究，《教育研究月刊》，292，頁 69-86。

謝傳崇（2019）：台灣正念教育的實踐與發展，《中等教育》，70（4），頁 6-18。

賽馬會「知優致優」計劃（2019.8.2）：資優教育中的情意教育，檢自 https://www.youtube.com/watch?v=YlaRK5DrOpQ&t=7s，檢索日期：2022.6.10

賽馬會「樂天心澄」靜觀校園文化行動：賽馬會「樂天心澄」，檢自 https://www.socsc.hku.hk/jcpanda/jcpanda-initiative/，檢索日期：2022.6.10

Plum Village（無日期 a）：五項正念修習，檢自 https://plumvillage.org/zh-hant/ 正念生活的藝術 / 五項正念修習 /，檢索日期：2022.6.10

Plum Village（無日期 b）：正念生活的藝術，檢自 https://plumvillage.org/zh-hant/ 正念生活的藝術 /，檢索日期：2022.6.10

Templeton, J.（無日期）：正念生活即健康的生活，檢自 https://askthescientists.com/zh-hant/mindfulness/，檢索日期：2022.6.10

Chinnery, S. A. (2017). Maria Napoli:Tools for Mindful Living: Practicing the 4-step MAC Guide (3rd Ed.). Kendall Hunt, Dubuque, IA, 2016, 193 pp. *Mindfulness 8*, 525–526.

Delizonna, L. & Anstedt, T. (2015). Mindful leaders: A self-coaching guide & toolkit. *North Charleston, South Carolina: Create Space Independent Publishing Platform.*

Dobkin, P. L. (2008). Mindfulness-based stress reduction: What processes are at work? *Complementary Therapies in Clinical Practice, 14*(1), 8-16.

Germer, C. K., Siegel, R. D., & Fulton, P. R. (2008). Mindfulness and psychotherapy. *Journal of Psychology and Theology, 36*(1).65-69.

Hölzel, B. K., Lazar, S. W., Gard, T., Schuman-Oliver, Z., Vago, D. R., & Ott, U. (2011). How does mindfulness meditation work? Proposing mechanisms of action from a conceptual and neural perspective. *Perspectives on Psychological Science, 6*(6), 537-559.

Langer, E. J. (1989). *Mindfulness.* Reading, MA: Addison-Wesley.

Lao, S. A., Kissane, D., & Meadows, G. (2016). Cognitive effects of MBSR/MBCT: A systematic review of neuropsychological outcomes. *Consciousness and Cognition, 45*, 109-123.

Lawlor, M. S. (2014). Mindfulness in practice: Considerations for implementation of mindfulness-based programming for adolescents in school contexts. *New directions for youth development, 2014*(142), 83-95.

Lee, J. C. K., Yip, S. Y. W., & Kong, R. H. M. (2021). Introduction: Life and moral education in the greater China region. In J. C. K. Lee, S. Y.W. Yip, & R. H. M. Kong (Eds.), *Life and moral education in Greater China* (pp. 1-38). Abingdon, Oxon; New York, NY: Routledge.

Neff, K. D., & Germer, C. K. (2013). A pilot study and randomized controlled trial of the mindful self-compassion program. *Journal of clinical psychology, 69*(1), 28-44.

Nhat Hanh, T., & Cheung, L. (2010). *Savor: Mindful Eating, Mindful Life.* New York: HarperCollins.

Niemiec, R. M. (2012). Mindful living: Character strengths interventions as pathways for the five mindfulness trainings. *International Journal of Wellbeing, 2*(1), 22-33.

Schonert-Reichl, K. A., & Roeser, R. W. (Eds.). (2016). *Handbook of Mindfulness in Education: Integrating Theory and Research into Practice.* New York, NY: Springer.

Shapiro, S., & White, C. (2014). *Mindful Discipline: A Loving Approach to Setting Limits and Raising an Emotionally Intelligent Child.* California, U.S.: New Harbinger Publications.

Shogren, K. A., Singh, N., Niemiec, R. M., & Wehmeyer, M. (2017). Character strengths and mindfulness. *Oxford handbooks online*, 1-36. Retrieved from https://www.oxfordhandbooks.com/view/10.1093/oxfordhb/9780199935291.001.0001/oxfordhb-9780199935291-e-

Tan, C. (2021a). Confucian self-cultivation and the paradox of moral education. In M. A. Peters, T. Besley & H. Zhang (Eds.), *Moral education and the ethics of self-cultivation: Chinese and Western Perspectives* (pp. 79–92). Singapore: Springer.

Tan, C. (2021b). Mindfulness and morality: Educational insights from Confucius. *Journal of Moral Education, 50*(3), 356-367.

Tan, C. (2021c). *Mindful education: Insights from Confucian and Christian Traditions.* Singapore: Springer Nature.

035

Willis, E., & Dinehart, L. H. (2014). Contemplative practices in early childhood: Implications for self-regulation skills and school readiness. *Early Child Development and Care, 184*(4), 487-499.

Wong, P.-H. (2021). Mindful self-cultivation practices in traditional Chinese culture. 마음공부, *2*, 37-91.

Xie, J., & Tu, Y. (2019). An investigation into the impact of mindfulness education on children development —Based on the mindfulness experiment on 5th graders of D primary school in W city. *Best Evid Chin Edu, 2*(2), 229-242.

Zeidan, F., Johnson, S. K., Diamond, B. J., David, Z., & Goolkasian, P. (2010). Mindfulness meditation improves cognition: Evidence of brief mental training. *Consciousness and Cognition, 19*(2), 597-605.

Zenner, C., Herrnleben-Kurz, S., & Walach, H. (2014). Mindfulness-based interventions in schools: A systematic review and meta-analysis. *Frontiers in Psychology, 5*(1), 1-20.

特殊需要兒童青少年的靜觀訓練 —— 從社會照顧角度

盧希皿博士---

　　香港理工大學應用社會科學系副教授，香港專業輔導協會副院士及認可督導。盧博士擁有多項靜觀訓練的資歷，包括美國布朗大學靜觀中心靜觀減壓課程認證導師，國際靜觀教學學院 Mindfulness Matters 課程認證導師。盧博士有近二十年兒童靜觀教育、家庭及精神健康實務經驗，為少數以靜觀應用於家庭教養及照顧為專項的學者。

靜觀與社會照顧

　　社會照顧泛指社會上為身體障礙、學習障礙，及精神健康康復者而設的支援。這些支援可以通過多元化的方式，包括個人照顧、不同活動，或社會服務，讓接受社會照顧的人士能更舒適地過有質素的生活。社會照顧不單顧及他們身體上的需要，更關注他們在情緒及社會上的需要。社會照顧不單為有關人士提供各種不同的幫助，同時也顧及其身心發展，目的是使他們能獨立自主，維持其尊嚴。

　　在四十多年前，一位美國分子生物學家卡巴金（Kabat-Zinn）在心中盤旋着一個問題：「面對地球上受苦之眾，我可以做些甚麼呢？」最後他毅然放下了原先的事業，將早年在禪修中的智慧與心得，編寫成一個為現代人而設的靜觀減壓課程（Mindfulness-based Stress Reduction），幫助在醫院飽受各種危疾如長期痛症、癌症、皮膚病等煎熬的病人。他們通過八週的靜觀學習，壓力得到明顯的紓緩。

卡巴金把靜觀定義為「有意識地、不加批評地、留心當下此刻而升起的覺察，藉以了解自己，培育智慧與慈愛」（Kabat-Zinn, 2013）。其中「不加批評」對不同身心障礙人士而言，具有深邃的意義。在西方醫學系統裏，醫生與其他醫療系統裏的專業人士往往處於專家的位置，相對來說，病人只能被動地接受診斷及指定的治療。然而靜觀提供的卻是一種心的訓練，幫助學習者有意識地，不加批評地將注意力置於當下。這份注意力可以孕育出覺察力，幫助我們以全新的角度，看待自己身心的能力與限制。靜觀提供了一條「個人化」的路徑，協助學習者重新與內在的智慧和活力相連，掌管自己生命的方向和質素。

經過這四十多年的發展，靜觀訓練變得更為普及。除了靜觀減壓課程及靜觀認知治療在世界各地普遍地推廣，社會大眾亦可通過社區教育、書本及網上媒體等，認識靜觀。數項正式的靜觀練習，包括身體掃瞄、伸展運動及靜坐，與其他非正式的靜觀練習，包括靜心進食、靜心步行、3分鐘呼吸空間等，讓靜觀可以隨時隨地融入生活。在適當的引導及調節下，靜觀練習可以不受時空的限制，適合身心面對不同挑戰及限制的人士，成為他們有力的支援。

此外，靜觀在社會照顧的推行，不只局限於身心障礙的人士。靜觀同時能夠成為家人及照顧者、教師、社會照顧團隊及專業人士的支援。靜觀對於家庭及照顧者、教師及教育團隊、社會照顧及社會福利服務組織而言，扮演着重要的角色。靜觀有助減低家庭成員及照顧者的壓力，預防社會照顧團隊及專業人士的職業倦怠（Burn-out），維持家庭照顧及社會照顧的質素。

特殊需要兒童的需要

特殊需要兒童的種類，較常見的有特殊學習困難、智力障礙、自閉症譜系障礙、注意力不足／過度活躍症、肢體傷殘、視覺障礙、聽力障礙、言語障礙及精神病。個別兒童的需要因個人特質及生活背景有所不同，不能一概而論。這裏列舉的是較常見的狀況。總括來說，特殊需要兒童較一般兒童多以下三方面的需要：

1. 提升認知發展，特別是注意力及執行功能改善

注意力是一種認知的功能，效用如同舞台上的射燈一樣，可以調節我們每時每刻接收到的資訊。學者如 Bishop 等（2004）及 Lutz 等（2008）提出了四個改善注意力調節的機制，包括通過專注在一個物件上（例如呼吸），持續地將注意力置於當下此刻；監控當下，留意分心的出現；注意力的轉移，或將注意力從引起分心的物件抽離出來；以及選擇性地放置注意力，能將注意力重新投放在目標的對象之上。

執行功能包含多種認知功能，包括自我約束，決策，制訂目標，解決困難，情緒反應，工作記憶等。Miyake 等（2000）指出執行功能包含三大方面的功能：制約 —— 在刺激發生時，主動壓抑對當下事不相關的自動化反應；更新 —— 監控工作記憶中的訊息，重點注入最相關的材料；轉移 —— 在多重的心智運作中轉換注意力。執行功能系統主要由大腦額葉及前額葉部分掌管，負責人類的意志行為。執行功能的強化對兒童學習，社交，以至生活各層面都有深刻的影響。近年來，腦科學研究確定了腦的可塑性，靜觀訓練有助激活前額葉，長期修習靜觀人士更發現在額葉及海馬體的灰質較對照組人士為大。

2. 強化社會情緒能力

部分特殊需要兒童在社交及溝通技巧有不足之處，當中有些兒童可能會在家庭關係及朋輩關係上遇到困難。社交困難可能源自於社交生活上受限制，也可能是對人際關係處境的理解出現偏差，例如對自我形象過於正面，又或誤解對方有惡意。長遠來說，特殊需要兒童較可能在社交生活上被疏忽或拒絕，造成社會支援的不足。

此外，一些特殊需要兒童可能出現情緒上的問題，包括不善於自我調節及容易沮喪，過度情緒表達，同理心不足，或對外界的刺激欠缺反應。情緒的困擾源於兒童在學校，家庭，或社區上的適應不良，其他因素如學業成績不理想，被朋輩拒絕，家庭衝突，身心障礙引致的受傷也可能有關。情緒失衡可能與執行功能的不足有關，兒童在自我調節或訂立目標的功能出現缺損，導致情緒調節出現問題。

3. 鞏固精神健康及預防情緒問題發生

除了受精神病困擾的兒童及青少年外，其他特殊需要兒童也有可能出現精神健康的困擾及問題。在成長及學習過程中，特殊需要兒童很可能面對更多的壓力及挑戰，受限制的語言能力及其他因素均有可能對兒童精神健康造成衝擊。此外，特殊需要兒童也有較高的可能經歷不同的創傷，誘發精神健康的問題。

向特殊需要兒童教授靜觀的一些反思

很多人把靜觀訓練誤解為眾多心理治療或介入手法之一，然而靜觀與前者有截然不同的取向。一般治療建立在達成某些目標的基礎上，但建立目標很大程度上製造了當下的經驗與想要達成的狀況之間

的差距。這份差距形成一份張力，於是對當下的經驗生起了批評，認為當下「不夠好」、「不能接受」或「好想擺脫這狀況」。當我們越想要達成既定目標，內心越可能會失望。練習靜觀時，先學習放下期望，唯一的意圖是如實地經驗每一刻，好奇地留心每刻的身心狀況。每次花時間練習，我們便「達成」了目標，而且每次練習都是美好的。練習靜觀的意圖漸漸成為扎根在當下的一份力量。意圖的珍貴之處在於發自內心，當我們將想要追求的與意圖連繫起來，讓它成為種子，成為一份身心健康的資源。很多特殊需要兒童及家人，在經歷不少不友善的目光後，希望通過不同的訓練，讓自己「變成」一般正常人。靜觀卻堅守「不加批評」的原則，把不同身心狀況視為一種差異，每個人（包括特殊需要兒童）也是一個個體，沒有標準，也沒有好壞之分。

在教授為成年人而設的「靜觀減壓課程」及「靜觀認知治療」時，導師需要隨時留心課程的意圖不在於解決學習靜觀者的難題，而是尊重每個人從自己的身心裏面，找出克服生活挑戰的智慧。面對特殊需要兒童，靜觀導師同樣要持守「不加批評」的態度，時刻留心彼此的差異並保持尊重，不會因為自己的年齡，專業身份及健康狀況，誤用自己的優勢和特權。

Hanger（2015）寫下一些身為兒童靜觀導師的責任，她堅信兒童需要被尊重、肯定，教授靜觀課時也需要技巧地與他們溝通和相處。

1. 當導師能夠從行動中，反映出我們如何以同理心深入聆聽，我們便為兒童留下很大的空間。當導師處於優越的位置時，保持緘默可能是合適的行動。

2. 切勿要求兒童代表其他人表達意見，他有權做一個獨立的人。

041

3. 切勿為兒童，為他們的生活、家庭作任何的假定，因為他是個獨立的人。

4. 讓兒童告訴我們他的願望及抱負，它們可能與我們的期望截然不同。請鼓勵他去追求它們。

5. 不要在課程提及兒童的身份，或從他的朋友身上聽到關於他的資訊。

6. 切勿假定兒童的身份，否定他的其他身份給他的經驗。

7. 當導師看到歧視或偏見，站出來，當兒童的盟友，切勿做個旁觀者。

8. 依照平時說話的方式，切勿模仿兒童的聲調，或虛假地表達欣賞他喜歡的音樂、食物、潮流、遊戲、偶像等來親近他。

9. 若兒童不願回答導師關於自己的問題，不用感到困擾。這很可能不是導師的問題，他可能只是厭倦了和別人討論這些事情。不用依賴他去更正自己，或令自己感覺好一點。當兒童想跟我們分享他的故事，他自然會這樣做。

靜觀訓練在特殊需要兒童的實證基礎

相對成年人來說，靜觀對兒童的效益的研究在近十多年來才日漸增加。靜觀對特殊需要兒童的實證基礎也因需要種類而有所差異。在這部分，我將集中討論注意力不足／過度活躍症、自閉症譜系障礙、智力障礙、焦慮症及憂鬱症的應用。

注意力不足／過度活躍症

靜觀為注意力不足／過度活躍症兒童改善他們的專注力，提醒他們在分心時將注意力重新帶回來。兒童也能學習如何帶着覺察地回應想法、感覺及處境，減少衝動的行為，有助兒童減低過度活躍及注意力不足的症狀，以善意去接納及處理情緒失調。Cairncross 及 Miller（2020）回顧了 10 項相關研究，發現其中 6 項指出對注意力不足有所改善，5 項指出對過度活躍有所改善。Vekety 等（2021）的回顧則顯示有關改善在教師的評估下較家長及兒童自我評估更為顯著。

Siebelink 等（2021）比較 103 位 8 至 16 歲患有注意力不足／過度活躍症兒童及其家長在接受標準治療以外配合靜觀訓練，與單純接受標準治療的成效的分別。接受靜觀訓練的兒童在自我控制上的進步稍高，但兩組差異未達到統計顯著水平。實驗組兒童有 33% 出現可靠的進步（Reliable Improvement），對照組則只有 11%。在本地的研究方面，Lo 等（2020）比較 100 個 5 至 7 歲有注意力不足／過度活躍症症狀的兒童及其家長在實驗組接受靜觀訓練，與輪候對照組的差異。實驗組兒童在父母的評估問卷上注意力不足及過度活躍症症狀較輪候對照組有中等效應的改善，親職壓力得以紓緩。此外，實驗組兒童在注意力測試中的衝突監控方面較對照組有顯著改善。以上結果顯示，靜觀對改善注意力不足／過度活躍症兒童的症狀及其家庭有一定的幫助，可以配合其他治療，成為輔助性的治療。

總體來說，Gallant（2016）認為靜觀對提升制約的功能最為顯著，對更新及轉移功能的改善則視乎對象及研究方法而有所差異。Mak 等（2017）回顧了 13 項靜觀對兒童及青少年的執行功能的研究，其中有 5

項研究顯示參加靜觀課程的兒童在執行功能上有明顯的改善。

自閉症譜系障礙及智力障礙

並非所有自閉症譜系障礙及智力障礙兒童均適合接受靜觀訓練，年齡稍大，高功能自閉症的青少年或有較佳的效果。Hartley 等（2019）回顧了 10 項靜觀對自閉症譜系障礙的研究，其中只有 3 項屬兒童及青少年的研究，初步顯示靜觀對改善行為症狀及社交溝通有一定作用。針對智力障礙兒童的研究更少，專業人士及家長應選擇家長兒童的平衡靜觀課程。若兒童不適合或無法安排靜觀課程，家長仍可通過接受靜觀訓練，改善照顧壓力及照顧質素，讓子女從中獲益。

焦慮症及憂鬱症

Odgers 等（2020）回顧了 20 項對兒童及青少年焦慮症症狀的研究，結果顯示靜觀對年幼兒童的效益較青少年顯著，對焦慮症（臨床症狀較嚴重）兒童的效用較低。Chi 等（2018）回顧了 18 項兒童及成人有關靜觀對憂鬱症狀的研究，顯示靜觀訓練對不同年齡層均有一定作用。需要注意的是，大部分研究並非針對臨床上達焦慮症及憂鬱症診斷的兒童及青少年，故不建議用靜觀訓練取代其他實證治療。

靜觀對家庭及社會照顧人士的幫助

靜觀教養（Mindful Parenting）是將靜觀應用在教養和親子關係上。研究顯示，靜觀教養可以分為四大面向：（一）對孩子的慈悲心：慈悲心是指希望緩和痛苦的情緒。對孩子的慈悲心就是明白孩子的需要和困難，並給予他們需要的幫助和照顧。（二）在育兒關係上不帶批

評的接納：不帶批評的接納並不是指完全不顧責任和紀律接納孩子的一切行為，而是以清晰的覺察留心、理解，並接納當下發生的一切事實，接受自己和孩子犯錯是生命中正常的一部分，接受育兒是件困難的事，同時對孩子作出適當的指導。（三）在育兒關係上覺察到的個人情緒：家長覺察自己和孩子的情緒，減少因自動化的反應而做出不適當的行為（例如體罰或痛罵）。與孩子相處時，又能更深地體會與孩子當下互動的感受，以及有意識地選擇適合的回應方式。（四）全心全意地聆聽：全心全意地聆聽不只是明白孩子說話的表面意思，而是能夠透過聆聽孩子的語言內容、聲調、表情和身體語言，感受到孩子當下的經驗、情緒和想法，能夠從孩子的角度理解他們 (Lo, et al., 2018)。

在香港方面，Lo 等（2017）為有發展障礙的學前兒童家長，設計了九小時的靜觀教養課程。180 位家長隨機分配進實驗組或對照組，研究顯示參加者在親職壓力，憂鬱症狀，及親子失衡互動上有明顯改善。這顯示靜觀訓練能有效調節特殊需要兒童家長的壓力，幫助他們在日常生活中為子女提供更有質素的照顧。

此外，面對社會服務的轉變，社會照顧的專業人士及團隊面對職業倦怠，工作投入感及同理心不足的危機。靜觀除了成為助人專業的介入手法外，更有助社會照顧提供者強化自我照顧的能力。本地研究發現，在社工、輔導學等助人專業課程內，將靜觀減壓課程列為選修科的學生，提升了自我效能感，減少職業倦怠，增加工作活力，減少身體困擾。顯示為社會照顧提供服務的員工學習靜觀，有自助及助人的雙重效益 (Lo, et al., 2021)。

結論

近年，靜觀的應用被廣泛推廣，在兒童、青少年的臨床工作及實證研究方面正在累積更多的知識及證據。初步顯示，靜觀在支援特殊需要兒童上，有一定作用，建議可配合其他服務及實證治療使用。靜觀訓練中「不加批評」的意圖及態度，協助身心面對不同挑戰及障礙的兒童及其家人、投身社會照顧的人士，建立接納及關懷的連繫，別具價值。

參考資料

Barkley, R. A. (ed.) (2015). *Attention Deficit Hyperactivity Disorder: A Handbook for Diagnosis and Treatment, 4th ed.* Guilford.

Bishop, S. R., Lau, M., Shapiro, S., Carlson, L., Anderson, N. D., Carmody, J., et al. (2004). Mindfulness: A proposed operational definition. *Clinical Psychology: Science and Practice, 11*(3), 230–241.

Cairncross, M., & Miller, C. J. (2020). The effectiveness of mindfulness-based therapies for ADHD: A meta-analytic review. *Journal of Attention Disorders, 24*(5), 627-643.

Chi, X., Bo, A., Liu, T., Zhang, P., Chi, I. (2018). Effects of Mindfulness-Based Stress Reduction on Depression in Adolescents and Young Adults: A Systematic Review and Meta-Analysis. *Frontiers in Psychology, 9*, 1034.

Gallant (2016). Mindfulness meditation practice and executive functioning: Breaking down the benefit. *Consciousness and Cognition, 40*, 116-130.

Hanger, B. (2015). Teaching mindfulness across differences: A spectrum of perspectives. In Willard, C., & Saltzman, A. (Eds.). (2015). Teaching mindfulness skills to kids and teens (pp.68-88).

Hartley, M., Dorstyn, D., & Due, C. (2019). Mindfulness for Children and Adults with Autism Spectrum Disorder and Their Caregivers: A Meta-analysis. *Journal of Autism and Developmental Disorders, 49*, 4306–4319.

Lo, H. H. M. (in press). Mindfulness. In Matson, J. L. (ed.) *Handbook of Clinical Child Psychology: Theory to Practice.* Chapter 33. Springer.

047

Lo, H. H. M., Chan, S. K. C., Szeto, M. P., Chan, C. Y. H., & Choi, C. W. (2017). A feasibility study of a brief mindfulness-based program for parents of children with developmental disabilities. *Mindfulness, 8*(6), 1665-1673.

Lo, H. H. M., Ngai, S. W., & Yam, K. (2021). Effects of Mindfulness-based Stress Reduction on Health and Social Care Education: A Cohort-Controlled Study. *Mindfulness, 12*(8), 2050-2058.

Lo, H. H. M., Wong, S. W. L., Wong, J. Y. H., Yeung, J. W. K., Snel, E., & Wong, S. Y. S. (2020). The effects of family-based mindfulness intervention on ADHD symptomology in young children and their parents: A randomized control trial. *Journal of Attention Disorders., 24*, 667–680.

Lo, H. H. M., Yeung, J. W. K., Duncan, L. G., Chan, S. K. C., Szeto, M. P., Ma, Y., Siu, A. F. Y., Choi, C. W., Chow, K. W., & Ng, S. M. (2018). Validating of the Interpersonal Mindfulness in Parenting Scale in Hong Kong Chinese. *Mindfulness, 9*(5), 1390-1401.

Luders, E., Toga, A. W., Lepore, N. & Gaser, C. (2009). The underlying anatomical correlates of long-term meditation: Larger hippocampal and frontal volumes of gray matter. *NeuroImage, 45*, 672-678.

Lutz, A., Slagter, H. A., Dunne, J. D., & Davidson, R. J. (2008). Attention regulation and monitoring in meditation. *Trends in Cognitive Sciences, 12*(4), 163–169.

Mak, C., Whittingham, K., Cunnington, R., & Boyd, R. N. (2017). Efficacy of Mindfulness-Based Interventions for Attention and Executive Function in Children and Adolescents—a Systematic Review. *Mindfulness, 9*, 59–78.

理念篇

Miyake, A., Friedman, N. P., Emerson, M. J., Witzki,A. H., Howerter, A., & Wager, T.D. (2000). The unity and diversity of executive functions and their contributions to complex "frontal lobe" tasks: A latent variable analysis. *Cognitive Psychology, 41*, 49-100.

Odgers, K., Dargue, N., Creswell, C., Jones, M. P., Hudson, J. L. (2020). The limited effect of mindfulness-based interventions on anxiety in children and adolescents: A meta-analysis. *Clinical Child and Family Psychology Review, 23*, 407-426.

Siebelink, N. M., Bögels, S. M., Speckens, A. E. M., Dammers, J. T., Wolfers, T., Buitelaar, J. K., & Greven, C. U. (2021). A randomised controlled trial (MindChamp) of a mindfulness-based intervention for children with ADHD and their parents. Journal of Child Psychology and Psychiatry. doi:10.1111/jcpp.13430

Vekety, B., Logemann, H. N. A., & Takacs, Z. K. (2021). The effect of mindfulness-based interventions on inattentive and hyperactive–impulsive behavior in childhood: A meta-analysis. *International Journal of Behavioral Development, 45*(2), 133-145.

049

靜觀與家庭溝通

張婉文博士

現任雷丁大學（University of Reading）心理與臨床語言科學學院副教授。早前於聖母大學（University of Notre Dame）取得發展心理學博士學位。主要研究兒童及青少年發展和精神健康，近年集中於研究靜觀和兒童社交情緒發展，並致力提倡共融社會及精神健康。

甘晞晴女士

畢業於香港浸會大學音樂學士學位（音樂教育），並於英國皇家音樂學院（倫敦）修畢表演科學碩士課程。熱衷於音樂教學，曾教授多個音樂幼兒小組及唱遊課程，對於音樂如何促進精神健康以及社交情緒發展亦有濃厚興趣。現為香港教育大學幼兒教育學系研究助理。

鄭詠儀女士

畢業於香港教育大學心理學榮譽社會科學學士課程，專修健康心理學。對於睡眠、情緒、家庭動態與心理健康等課題有濃厚興趣。她希望透過寫作，將心理學學術研究結果轉化成普羅大眾都能夠容易接觸到、理解到的知識，讓大家從中得到啟發、促進心理健康。

家庭團結、溝通和幸福感

家庭是社會的基本結構，亦是個人成長的重要基礎。家庭關係、氣氛和相處方式對每個家庭成員皆有影響，可見家庭幸福是個十分值得關注的議題。家庭幸福可分為不同範疇，如「家庭團結」、「家庭資源」、「家庭健康」等，而一項有關香港家庭幸福指數的研究發現，受訪家庭中屬於擁有「良好」家庭幸福的只佔一成，「中等」的佔逾五

成，「低於平均」的約佔三成，「很差」的有多於一成，反映出本地家庭幸福指數並不太理想（Wong et al., 2020）。在家庭幸福指數中，家庭團結是各個項目中佔分最重的。家庭團結包含了家庭中的氣氛、相處時間、家庭責任、關懷與支持，而這些元素都有賴與家人良好的溝通去維繫。

溝通是家庭關係中重要的一環，它不單是為了傳達訊息，更是為了建立良好的家庭關係。如果家庭成員在溝通上充滿怒氣、惡意、言語甚至身體上的碰撞，對家庭功能和孩子的成長都會有負面影響（Cummings & Davies, 2011）。然而，家庭成員之間出現分歧或意見不合的情況十分普遍，難以完全避免（Koerner & Fitzpatrick, 2006）。良好的家庭溝通可改善家庭功能，及培養孩子正面情緒發展（Cheung et al., 2016）。良好的溝通需要父母和孩子共同參與和建立，這不但能讓孩子有正面的情緒發展，亦可令父母關係更為緊密。

051

靜觀與溝通

靜觀練習可應用於家庭成員的交流和溝通上。靜觀是一種精神狀態，意思是指「靜心觀察」，有意識地將注意力帶到當下一刻，帶着開放和不加批判的心觀察外在和內在的經歷，包括自己此時此刻的想法、情緒、身體的感覺和周遭環境（Kabat-Zinn, 1994）。Teper 與她的研究團隊（2013）指出，靜觀可以令我們暫緩一下，不即時作出反應，專注於此時此刻。透過持久練習靜觀，我們能夠增強覺察的能力，並且對當下的體驗持有更開放和客觀的態度（Garland et al., 2015）。要自我覺察並不容易，因為當人在同一思考模式待久了，就

會開始受其所限制，難以跳出固有的觀點與角度。在與人溝通時，我們有時候會跌進「自動導航」模式：執着於自己的觀點，只接收到自己想聽到的事，又或者顧着用自己一貫解決問題的策略解難，而忽略了別人說話的意思、感受和客觀的情況。透過靜觀，我們覺察到自己認知的過程，例如正在經歷的事，感受當刻的想法和思緒（例如突然憤怒的情緒），並以「元認知」的角度看待經歷，繼而令自己對這些事有更開放的看法（Garland et al., 2015; Kross & Grossmann, 2012）。這樣，我們較易接受不同的資訊，並且調節情緒。

家庭的靜觀溝通

　　近年研究指出，透過靜觀練習，例如靜觀聆聽、不加批判的覺察和慈悲心等，能有效促進家庭正面溝通，改善親子關係，和有助父母減壓（Cheung et al., 2019; Duncan et al., 2009; Haydicky et al., 2017; Singh & Joy, 2020）。從孩子的角度舉例來說：媽媽有急事要處理而不能即時回應孩子，孩子因此發怒而對媽媽大叫，並被一些負面的想法牽着走，反覆在想：「媽媽是否討厭我？她是否不想理我？」繼而陷入了這些思緒之中。相反，有練習靜觀的孩子在媽媽沒時間回應自己而感到憤怒時，或許會先留意自己的身體變化和感受（例如是意識到自己生氣和不開心、心情七上八下、下意識地握緊拳頭或下顎緊繃），不加批判地接納這些感覺，並用靜觀呼吸等練習讓自己冷靜下來。這樣，孩子便能客觀地去看待經歷，反應可能會由「要大喊大叫爭取媽媽的注意力」變成「意識到媽媽正忙得不可開交，等一會兒再找她吧」，令自己重新專注，例如決定先與兄弟姐妹玩耍，然後才與媽媽傾談。由例子可見，孩子的想法和反應透過靜觀而改變了。有時

候，孩子仍然會因憤怒而與父母有小爭拗，但孩子的回應變成了一種選擇，而非一時衝動的反應。

與上述類似的情景及技巧亦可應用在父母身上。Duncan 與她的研究團隊（2009）將靜觀應用到育兒方面，技巧包括全心全意地聆聽、不加批判地接納自己和孩子、覺察自己和孩子的情緒、在育兒上自我調控，和帶着慈愛對待自己和孩子。父母或許對孩子有既定期望，當孩子的表現與他們的期望不符，父母少不免會出現負面想法和情緒。然而，父母的情緒起伏和反應能影響孩子的情緒起伏（Cheung et al., 2020），並有機會引起親子衝突。靜觀着重允許和不批判當下，例如一些負面情緒。Duncan 與她的研究團隊（2009）強調，若父母了解自己和孩子的情緒，他們便更能覺察到這些情緒帶來的身心變化，並在全神貫注地聆聽孩子後才作回應。相反，若父母沒有專注聆聽孩子想說的話（例如一邊玩手機，一邊聽孩子說話），他們可能會錯過孩子當下想表達的訊息。

用以下事件作為例子：有兩姐妹正在大廳一起玩玩具，妹妹突然大喊大叫，原來是因為姐姐霸佔着其中一件玩具不肯讓給她。姐姐卻責罵妹妹已玩了很久，該輪到她了。然而，媽媽正在偏廳的桌子處理公事，爸爸又在房間開會，一時之間無暇處理姐妹間的紛爭。可是，爭吵聲愈來愈大，媽媽不能再專注在工作上，又對吵罵聲感到不耐煩，心裏的第一反應是憤怒，幾乎要大聲喝止女兒的爭執。媽媽站起來想罵人的那一刻，看到自己在牆上的鏡子照出來的模樣，眼見自己眉頭深鎖，一臉焦急。她這才覺察到自己激動的情緒，然後選擇暫停要喝止女兒的動作，並深呼吸數下調節自己。她有一剎那責怪自己

為甚麼第一反應是要罵女兒，但在調節心情的同時，她放下批判的想法，並專注呼吸，嘗試放鬆自己緊鎖的眉頭。十數秒過後，媽媽的呼吸變得平穩，也回復冷靜的模樣，這才走到女兒面前用說話開導她們，引導她們表達自己的感受和情緒。媽媽對女兒們說：「妹妹你握緊拳頭，皺起眉頭，看來十分氣憤。我們先坐下來，一起深呼吸數下。」然後與她們一起做一些簡單的靜觀練習，緩和情緒，再逐一聆聽孩子們訴說事情的始末，並嘗試化解爭執。這個掌握了靜觀技巧的媽媽成功避免喝罵女兒，同時又解決了女兒們的紛爭，讓她們明白爭吵並不會令事情好轉，更可能會令關係轉差。

靜觀對於青少年及其父母同樣重要。踏入青春期，孩子開始變得獨立，加上漸漸有自己的朋友圈子、個人主見和思考能力，父母未必能完全了解青少年日常生活的細節，青少年實際上的思想行為也可能與父母想像中有一段差距（Arnett, 1999），以致容易出現摩擦，形成家庭衝突（Koerner & Fitzpatrick, 2006）。靜觀育兒強調父母在給予反應前先停一停，調節自己的情緒和聆聽自己及孩子的需要。在意見不合時，父母可以嘗試將心比己了解青少年，給他們多一點空間和少一點批判。Duncan 與她的研究團隊（2009）指出，父母也可以嘗試給自己多一點體諒和慈悲心，明白到為人父母面對挑戰是普遍的，並且減少對自己的批評。

靜觀對家庭關係十分重要，能令家庭成員在衝突發生時的激烈情緒冷靜下來。當我們練習靜觀時，覺察力、慈悲心和不加批判的心便能相應得到提升，而且對情緒調節和溝通也有正面作用。如果我們與家人一起多練習靜觀，在家庭溝通上都會有幫助。所以，由現在開始，請一家人一起練習靜觀吧！

參考資料

Arnett, J. J. (1999). Adolescent storm and stress, reconsidered. *American Psychologist, 54*(5), 317-326. https://doi.org/10.1037/0003-066X.54.5.317

Cheung, R. Y. M., Chan, L. Y., & Chung, K. K. H. (2020). Emotion dysregulation between mothers, fathers, and adolescents: Implications for adolescents' internalizing problems. *Journal of Adolescence, 83*, 62-71. https://doi.org/10.1016/j.adolescence.2020.07.001

Cheung, R. Y. M., Cummings, E. M., Zhang, Z. Y., & Davies, P. T. (2016). Trivariate modeling of interparental conflict and adolescent emotional security: An examination of mother-father-child dynamics. *Journal of Youth and Adolescence, 11*, 2336-2532. http://doi.org/10.1007/s10964-015-0406-x

Cheung, R. Y. M., Leung, S. S., & Mak, W. W. (2019). Role of mindful parenting, affiliate stigma, and parents' well-being in the behavioral adjustment of children with autism spectrum disorder: Testing parenting stress as a mediator. *Mindfulness, 10*(11), 2352-2362. https://doi.org/10.1007/s12671-019-01208-5

Cummings, E. M., & Davies, P. T. (2011). *Marital conflict and children: An emotional security perspective.* Guilford Press.

Duncan, L. G., Coatsworth, J. D., & Greenberg, M. T. (2009). A model of mindful parenting: Implications for parent–child relationships and prevention research. *Clinical Child and Family Psychology Review, 12*(3), 255-270. https://doi.org/10.1007/s10567-009-0046-3

Garland, E. L., Farb, N. A., Goldin, P. R., & Fredrickson, B. L. (2015). Mindfulness broadens awareness and builds eudaimonic meaning: A process model of mindful positive emotion regulation. *Psychological Inquiry, 26*(4), 293–314. https://doi.org/10.1080/104784 0X.2015.1064294

Gethin, R. (2011). On some definitions of mindfulness. *Contemporary Buddhism, 12*(1), 263–279. https://doi.org/10.1080/14639947.2011.564 843

Hydicky, J., Wiener, J., & Shecter, C. (2017). Mechanisms of action in concurrent parent-child mindfulness training: A qualitative exploration. *Mindfulness, 8*(4), 1018-1035. https://doi.org/10.1007/s12671-017-0678-1

Kabat-Zinn, J. (1994). *Wherever You Go, There You Are: Mindfulness Meditation in Everyday Life.* Hyperion.

Koerner, A. F., & Fitzpatrick, M. A. (2006). *Family conflict communication* (pp. 159-183). The Sage Handbook of Conflict Communication. http://dx.doi.org/10.4135/9781412976176.n6

Kross, E. & Grossmann, I. (2012). Boosting wisdom: Distance from the self enhances wise reasoning, attitudes, and behavior. *Journal of Experimental Psychology: General, 141*(1), 43–48. https://doi.org/10.1037/a0024158

Singh, N. N., & Joy, S. D. S. (Eds.). (2020). *Mindfulness-based Interventions with Children and Adolescents: Research and Practice.* Routledge. https://doi.org/10.4324/9781315563862

Teper, R., Segal, Z. V., & Inzlicht, M. (2013). Inside the mindful mind: How mindfulness enhances emotion regulation through improvements in executive control. *Current Directions in Psychological Science, 22*(6), 449–454. https://doi.org/10.1177/0963721413495869

Wong, M. M. C., Ma, J. L. C., Wan, P. S., Xia, L. L., & Fok, H. T. (2020). *Research Report on a Study on Family Wellbeing Index in Hong Kong.* Hong Kong Family Welfare Society.

社區實踐篇

靜觀教養培養正念孩子

蔡珊珊女士--

　　資深臨床心理學家，自 2017 年開始私人執業。除私人執業外，於香港大學及香港中文大學臨床心理學碩士課程擔任臨床實習安排導師，為臨床心理學碩士生安排臨床實習機會。現時亦是新生精神康復會自閉症服務顧問，為自閉症譜系障礙的學生、青少年及成人提供專業支援。曾於新生精神康復會、醫院管理局總部及瑪嘉烈醫院任職臨床心理學家長達九年。

　　自 2009 年開始修習靜觀至今，教授靜觀於不同界別的人士。作為兩子之母，每天都面對各種的親職挑戰，得到無數在家修行的機會。希望透過教導靜觀課程，讓自己和身邊的人都能生活得更自在、輕鬆一點。

060

引言

　　我們在人生的不同階段都有不同的課程讓我們進修，學習不同的知識。可是，來到做父母這一個階段，卻沒有一個課程教我們如何做父母。在育兒的過程中，很多人可能會感到挫敗，會感到氣餒，亦有可能不知所措。與此同時，我們亦會感受到做父母的甜蜜時光，例如聽到孩子們第一次叫爸爸媽媽、看到孩子們第一次學會走路、第一次收到孩子們做的手功勞作等等。如何在感到氣餒或生氣時，提醒自己記得那些甜蜜溫馨的時光？我從過去十多年不同的靜觀和靜觀親職修習中，得出一些經驗可以分享。

　　我有兩個分別為八歲和六歲的兒子，從當媽媽開始，我已經很感恩有這兩個健康可愛的寶貝兒子，因為他們是我期待已久的孩子。但

感恩歸感恩，我在教養他們的過程中也會有情緒不穩的時候。從他們嬰孩時期到小學階段，雖然少不了甜蜜時刻，但短短幾年中也有不少辛酸史。

在 2020 年初開始，全球面對新冠肺炎這個大疫情，我們的生活方式有了前所未有、翻天覆地的改變。當中包括上課的模式，之前小學生是上全日制課堂，當小孩上學時，無論是在職或全職在家的家長也有一些工作或做家務的時間。但自疫情開始至今，持續兩年多，年紀小至幼稚園或初小的學生都必須網上學習。這些小孩子都需要家長的輔助，我的兒子們也不例外；小至使用 Zoom、列印功課和上載功課，大至網上考試都要父母協助。這一切一切都是父母的新挑戰，更不用說父母本身也要學習在家工作（Work from Home）。轉變所產生的壓力，確實會令父母有不同程度的情緒反應。

061

一次情緒失控的經驗

還記得在 2020 年初，我的大兒子才剛升上小學一年級，我和他正在適應小學生活的時候，香港的學校突然要開始進行網課。學校不定時上網課和發放一些影片給學生在家自學、做功課。有一天，當我在教導他數學功課時，不知道為甚麼，教來教去他都不懂，不停重複做錯類似的題目，而我當時也要趕着外出工作，於是開始失去耐性，起初大聲地罵了他一句，後來愈罵愈嚴厲。仍記得兒子當時滿面通紅，忍着淚水被我罵，沒有反駁一句。

坐在沙發的丈夫偷偷地拍下了當時的情況，他事後給我看了那條短片，我就像一個「第三者」看到現場實況一樣，內心頓時感到十分

內疚難過，尤其看到兒子委屈的樣子，淚珠充滿了眼眶。我覺得當時的「我」很恐怖，十分惡毒，整整不停地罵了兒子 1 分鐘，「我」不是平時的「我」，我也不認識這個「我」！為甚麼我會變成這樣呢？

當我靜下來分析自己的行為時，才猛然想起，我的行為是「反應」，而不是「回應」兒子的學習困難。我沒有設身處地想想為甚麼他會不明白那些抽象的數學概念，反而任自己的「反應」發洩在兒子身上。小孩子被責罵的時候，心裏只有恐懼，那怕你是有多宏大的道理，小孩子根本甚麼都不會聽進耳裏。這些我平時會教導其他父母的理論，原來發生在自己身上時，真的是不會記起的！

自我反省

當天晚上我反省了自己大聲責罵兒子的行為，為甚麼我會這樣失控呢？我好像變了另一個人一樣。我向大兒子道歉，希望他能原諒我。我跟他說，是媽媽做得不好，沒有好好控制自己的情緒，對他說出很多傷害他的說話。大兒子說他原諒我，然後大力地擁抱了我一下。他說：「媽媽，你當時真的很兇惡，很恐怖！我十分害怕，甚麼話也不敢說，怕說錯話會給你再多罵一頓。」聽畢他的心聲，令我更感羞愧。

我感謝兒子原諒了我。至於那一段丈夫偷拍我罵兒子的影片，我沒有刪除，還儲存在「我的最愛影片」裏，我要不時提醒自己，我不要再做那一個恐怖的媽媽。其實最重要是自己的情緒管理，不是外在的提醒，父母如何令自己冷靜才是重點。

回應（Respond）vs. 反應（React）

在面對孩子的問題行為時，很容易在當下立刻作出反應，如果我們想解決困難，我們須覺察地提醒自己，我們要在作出回應前先「停一停，想一想」，自己的反應是否只是抒發自己的情緒，或是在管教孩子作出「回應」（Respond），而不是「反應」（React）。

當我們面對壓力的時候，往往會自動化地帶出自己的反應，而「反應」包括自身的身體、思想和情緒反應。父母往往在這時候發洩自己的情緒，有時會因為自己的情緒放棄原則，而沒有考慮太多後果。有些父母在這些時候想說教，但可惜這些基於情緒主導的發洩，正正帶出相反的效果，孩子通常都不會記得父母的說教，反而只會記得父母的責備。

如果不想被「反應」主導我們的行為，父母首先要留意自己的情緒狀況，要給自己一個呼吸空間，容讓自己冷靜下來，然後才作出我們由愛心出發，有原則的「回應」。

冷靜的父母才能幫助自己和孩子梳理情緒

父母有時有很多「應該」、「不應該」的期待，常讓父母失去冷靜、失去控制，並在挑起孩子的防禦心及抵抗後，又採取更激烈的方式管教。事實上，每個孩子都需要尊重、引導，父母要花點時間關心孩子、表達跟孩子並肩的立場，而不是變成一個只急着改變孩子行為，讓自己感覺良好的瘋狂父母。如此一來，孩子也會比較容易接受父母，把父母的話聽進去。

當父母釐清並檢視是甚麼想法左右了自己，便能學習保持冷靜，讓負面的想法不要過度發酵或誇大事情的嚴重性，這樣才能在孩子面對情緒風浪時幫助孩子、引導孩子了解自己的情緒、正確表達自己及迎接生活上的挑戰！

後續

自從那次責罵兒子之後，我跟他們訂立了一起修習靜觀的時間，通常我們會在每天晚飯後圍坐在一起練習「靜觀呼吸」10分鐘。起初他們都很容易分心，嘻嘻哈哈，談天說地，但後來漸漸養成一個習慣，大家可以一起靜靜坐下，有一個共同的練習和話題。現在兒子們如果看見我情緒爆發時，會提醒我「停一停，深呼吸」。我發現有了這個習慣後，我對他們的耐性和同理心也增加了，每當想到他們也有困難之時，頓時消減了脾氣，能夠更明白他們的需要和看到自己的情緒，而我發現他們也有能力留意到自己的情緒起伏。透過靜觀修習，現在的我跟他們有更正面的親子關係。

練習 小貼士

- 與孩子選定一至兩個靜觀練習，每天定時練習。
- 生活中的各種細節，也是我們修習正念育兒的機會。
- 留意自己的身體反應，養成一個習慣，先停一停，深呼吸，再回應。

「靜觀教養」五大原則：

    1. 全神貫注地聆聽孩子

    2. 不帶批判地接納孩子和自己

    3. 覺察自己和孩子的內心情感

    4. 在教養孩子時自我調適

    5. 憐愛自己和孩子

1. 全神貫注地聆聽孩子

- 全神貫注地專注和感受此時此刻。
- 準確地聆聽孩子的需要、想法和情感。

2. 不帶批判地接納孩子和自己

- 每人都有自己的假設，偏見和價值觀。
- 當孩子的行為不被父母接納時，直接的指令很容易令孩子覺得父母的愛是帶有條件的（Conditional Love）。
- 要接納，須從孩子的內心感受他的難處。
- 亦接納自己所面對的困難，接納自己正在不斷學習。

3. 覺察自己和孩子的內心情感

- 對內心情感、想法的覺察。
- 強烈的情緒很多時候會引發父母作出即時的反應。
- 這些反應未必能關顧孩子當下的需要，亦可能會用了不適當的方法表達你的情緒。
- 對情感的覺察是適當地表達情緒的第一步。

4. 在教養孩子時自我調適

- 在面對孩子的問題行為時，很容易在當下立刻作出反應，解決困難。

- 覺察地提醒自己，在作出反應前先停一停，想一想，自己的反應是否只是抒發自己的情緒，或是在管教孩子。

- 是作出回應（Respond），而不是反應（React）。

回應（Respond）	反應（React）
由愛心出發	由情緒主導
有原則	會因為自己的情緒而放棄原則
清楚知道後果，並願意承擔	沒有太多考慮後果

5. 憐愛自己和孩子

- 憐愛（Compassion）是一種推動一個人向自己或別人「減輕痛苦」的情感。

- 當照顧者對自己有憐愛之心，就有空間讓自己面對壓力和種種負面的情感。

- 對孩子有憐愛之心，亦可讓孩子感受到更多的正面情感和支持。

- 研究指出，有發展性障礙的孩子（如自閉症）的父母都能對孩子抱有憐愛之心，但對自己就較少有這樣的情感（Beer, Ward & Moar, 2013）。

靜觀呼吸 Mindful breathing

1. 覺察身體：讓身體的姿勢挺直而莊嚴，幫助自己回到此刻。

2. 收攝心神：溫柔地全神注意呼吸，一吸一呼。你的呼吸可以如錨般助你回到當下，進入安靜的狀態。嘗試心中唸：「吸入……呼出……吸入……呼出……」

3. 無須刻意控制呼吸，順其自然，對呼吸如此，對其他經驗亦如此。無須改正甚麼，追尋甚麼。

4. 分心是很自然的。當你留心到你分心了，你可輕輕的恭喜自己，為自己送上一個微笑——你又回到了當下！

5. 雖然我們會不斷分心，但無論分心多少次，每次分心，都可視為一個機會，培養耐性和好奇，善待自己，活在此時此地。

參考資料

Beer, M., Ward, L., & Moar, K. (2013). The Relationship Between Mindful Parenting and Distress in Parents of Children with an Autism Spectrum Disorder. *Mindfulness*, *4*(2), 102–112. https://doi.org/10.1007/s12671-012-0192-4

Bögels, S., & Restifo, K. (2014). *Mindful Parenting: A Guide for Mental Health Practitioners.* New York: Springer.

Duncan, L. G., Coatsworth, J. D., & Greenberg, M. T. (2009). A Model of Mindful Parenting: Implications for Parent–Child Relationships and Prevention Research. *Clinical Child and Family Psychology Review*, *12*(3), 255–270. https://doi.org/10.1007/s10567-009-0046-3

以非暴力正念溝通教養子女

張仕娟女士

2002 年開始將正念引入任教的中學,梅村正念學院正念導師培訓畢業,國際非暴力溝通中心非暴力溝通認證培訓師候選人,「正念喜悅生活」創辦人,著有《非暴力正念溝通 活出生命力量》、《Miss Bell Bell 正念生活課》及《心醒·省心 —— 實踐心靈教育》等六本作品,碩士論文研究題目《Mindful Parenting:如何幫助父母與子女相處?》,另撰寫專欄「正念父母」及「非暴力正念溝通」。

踏上療癒、轉化和滋養的道路

1999 年生命送來包裝了的「禮物」—— 離婚。在肝腸寸斷時,我看見一歲半的女兒拿着電話筒「扮哭」,這一幕,我驚醒了!「不!我不能如此過日子,這關乎兩條人命!而女兒才開始她的人生,不能像我含淚過日子!」於是當下決定,凡是能幫助我走出痛苦幽谷的方法,我必去試!就這樣,我走進了探索內心的旅程,上過無數的工作坊、課程、禪修,幫助自己站起來前行。因為愛,我常思索:「怎樣把離婚對女兒的影響減至最低?怎樣對她的成長最有利?」也常自問:「女兒最需要的是甚麼?」幸運的是 2001 年,我遇上了一行禪師及其僧團。2002 年暑假我帶着四歲的女兒到法國梅村參加為期一個月的夏日靜修營。正念在我們家發酵了,我接受了「五項正念修習」,往後便以此作為生活的指南。在正念的光照下,我們走在療癒、轉化和滋養的道路上。我和女兒都努力修行,大家都有不少的轉化,逐漸脫離單親的痛苦「宿命」……

2014 年 8 月，我跟女兒參加了香港梅村的靜修營，就是在這裏聽到一位同修阿池分享他怎樣將非暴力溝通應用到梅村的修習 ——「深度聆聽與愛語」，這幫助他改善與父母的關係。聽着他訴說父母的言語怎樣令他受傷，我感到心寒，因為我在生活中對女兒所說的話，比他父母所說的尤甚，女兒豈不是受傷更深？記起女兒曾表達過不滿，我沒有警覺，今天，聽着人家兒子的痛，我才驚覺女兒的痛，此刻方知自己的「暴力」！

請求女兒原諒

幸好女兒也在那個禪營裏。分享會完結時，我走向女兒，邀請她：「我可以跟你談一會兒嗎？」她有點不情願，卻還是接受了。我們坐在佛堂前的樓梯級，我說：「我剛才聽分享時有很多反思，我知道我以前對你說的話會傷害你，但今天聽到分享後才真的體會到你的難受。傷害了你，我感到很難過，為此，我向你道歉。」她默然不語，但滴下眼淚，然後轉身望去另外一邊。我非常難過、愧疚，淚水滾滾而下，為自己哭，為女兒哭，也為自己的父母、祖先們哭，代代「暴力」溝通，大家都受苦。不一會兒，女兒說要上廁所而離開了。我獨個兒在那裏繼續哭泣。

第二天，我寫了一封很長的信給女兒，再次向她致歉，並請求她原諒。我告訴她，我這樣說話，有時是因為我不懂有更好的表達方式，有時是明知這樣不好，就是無法停止。無論如何，我是不想帶來傷害的。我決心停止習氣的「輪迴」，願意面對家族的習氣，願意學習更好的溝通方法，活出愛。

　　亦因如此，在 2014 年，我開始在中文大學修讀價值教育，並邀請了一班家長一起共修，把正念融入非暴力溝通之中。我認為溝通在一個家庭中無比重要。在接觸及探索非暴力溝通之前，我還以為自己把正念修行得不錯，與女兒的關係也融洽，怎料，原來自己日常的「壞習慣」一一打破了與女兒的關係。其他的家長也身同感受，引起的共鳴更鼓勵我繼續努力到不同地方進修非暴力溝通。

　　2017 年 7 月，我前往斯里蘭卡參加非暴力溝通國際資深培訓課程（NVC IIT），期間遇上 Fr. Chris，他是耶穌會神父，非暴力溝通認證導師，亦是內觀禪修者。從培訓課程回來後，我把多年的思緒解開並沉澱了許久，我發現正念與非暴力溝通其實存在很多共同點。憑着多年的正念修行以及非暴力溝通的資深培訓，2017 年至今，我把這兩種觀念結合，成為「非暴力正念溝通」，透過出書及開班教學，傳授給更多的人。

071

非暴力正念溝通

　　說到底，甚麼是非暴力正念溝通？非暴力溝通的核心價值是連結。創辦人馬歇爾‧盧森堡博士（Marshall B. Rosenberg）認為人是慈悲的，而這股慈悲的力量在我們身體內不斷流動。只要一直連結這股能量便會令人自然地給予與接受，並願意為自己及他人的生命變得更美好而作出貢獻。而我們為何無法與慈悲力量產生連結，是因為我們後天學習了判斷，並往往在日常中為事情下了道德判斷，即好壞、對錯、應該不應該的思想。馬歇爾認為我們天生就懂得表達我們的感受和需要。就像嬰兒肚子餓的時候會哭，他透過哭聲告訴媽媽他肚餓

了，需要餵食，而當他被餵飽後便會因需要被滿足而微笑，這是自然的情感溝通表達。但當他長大後，媽媽在他肚餓的時候沒有為他準備食物，他可能會說：「為甚麼媽媽不願意為我弄午餐，她是不是不疼愛我了。」這便是為事情下了判斷。而這個判斷會阻礙了我們與慈悲力量的連結，形成暴力溝通。那麼我們該如何放下判斷，從而進行非暴力溝通？馬歇爾提出了四個步驟：學會觀察、感受、需要及請求。但只有學會這四個技巧其實是不足的，我們必須回到當下，亦是正念的核心——活在當下。因此，我認為正念是進行非暴力溝通的基礎。除此之外，非暴力溝通亦是一套語言，能讓我們在修行正念時更清楚地表達我們的感受。因此，我把兩者結合，讓正念與非暴力溝通相輔相成。

暴力語言在日常生活中無處不在

暴力語言在日常生活中無處不在。你一定說過或聽過這些話——「你令我覺得自己不被尊重」、「我覺得自己被孤立了」、「我被攻擊了」……你或者會以為說這些話的人是在抒發自己的感受，但在非暴力溝通的世界裏，不被尊重、被孤立、被攻擊，這些其實不是一個感受，而是在自己真正的感受裏加了一些想法，下了判斷。

媽媽常對自己的兒女說：「你不乖的話，會令媽媽覺得很傷心的。」「你再這樣頑皮的話我就不要你了！」這些衝口而出，看似無心的話，其實是要別人為自己的情緒負責，讓人產生內疚感，這就是暴力。

在學校裏，老師說：「你很乖，老師獎勵你一張貼紙。」「你怎麼

還沒有交功課，去罰站！」你可能有疑問，老師獎勵學生亦是暴力語言嗎？事實上，當老師在判斷學生是否值得獎勵已是一個暴力的思考。剛才提到與慈悲力量失去連結的最大阻礙便是判斷，因此在我們溝通的時候，在感受裏加入想法、令人有內疚的感覺，以及以自己的標準去決定別人值得與否，便形成了暴力語言。

馬歇爾認為，沒有人能夠令其他人產生感受，他們只是觸發，並不是感受的根源。真正的感受是因自己的需要沒有得到滿足而產生，並沒有涉及人或思想在當中，沒有對錯與好壞。

有一次我對女兒大發雷霆，為我和女兒的內心帶來很多傷痛。我痛定思痛，決心要從這種慣性輪迴中解脫出來。我反思了大約兩星期。一天，我參與彌撒，特意為此事祈禱。我拿出筆記本，把我腦海中對此事的所有想法、感受逐一寫下。我知道，這些想法、感受都是希望被看見、被聽到、被感知、被理解。列寫出來後，我由頭到尾逐項去感受：「這想法、舉動、說話帶給我甚麼感受？」「我這樣想或這樣做，其實是想滿足我的甚麼需要？我渴想甚麼？我在嘗試維護甚麼價值？」「我這樣想或這樣做，真的能滿足我的需要嗎？能滿足多少？可以有其他更有效的方法讓需要得到滿足嗎？」

長頸鹿語言

所列舉的其中一項是我指責女兒：「梅村的法師們叫你做事，你就千依百順，我請你幫忙，你就草草了事。」深入觀察，這句話背後隱藏着「不夠好」、「比人差」、「不受重視」的核心信念，我的感受是無奈、傷心、難過和憤怒，隱藏在背後的需要是甚麼？我慢慢呼吸，

用呼吸去感受這些情緒在身體上的感覺，然後耐心等候身體顯露答案。答案慢慢漸露，我看見自己需要支持、重視、關心和愛。回顧事件，當時的所言所行不能滿足被支持、重視、關心和愛的需要，於是在當下感到失望、傷心，繼而憤怒，看見自己的失控，又再生起恐懼，於是陷入情緒輪迴之中。此刻，清楚看到了需要，我便嘗試思考其他更能滿足這些需要的方法。我把心思都放在尋找滿足需要的方法上，這幫助我停止繼續去批判女兒，也脫離了情緒的捆綁，全心全意關心內在的生命。透過非暴力正念溝通，我得知自己很需要被重視，很需要陪伴、關心、支持和愛。跟需要連結後，我感到安穩，亦體驗到「看見需要是慈悲的途徑」。

非暴力語言被比喻為長頸鹿語言。長頸鹿是陸地上心臟最大的動物，寓意我們要像長頸鹿一樣，心量要大、懂得包容、慈悲。另外，長頸鹿的脖子最長，所以牠們視野很寬闊。相反，我們在為事情及感受下判斷時便是收窄了我們看事情的角度。因此，在人與人之間的溝通時，我們要戴上長頸鹿耳朵，靜心了解自己的需要以及學會非暴力溝通，能表達自己感受的同時，不會讓別人產生內疚和羞恥的感覺。

訪問：劉雅詩　筆錄和草稿：盧凱桐

參考資料

張仕娟、Fr. Christlin P. Rajendram（2021）:《非暴力正念溝通 活出生命力量》，香港，正念喜悅生活。

盧森堡．馬歇爾著，范明瑛譯（2012）:《非暴力溝通：打造優質校園》，台北，光啟文化。

盧森堡．馬歇爾著，范明瑛譯（2013）:《非暴力溝通：教孩子將心比心》，台北，光啟文化。

盧森堡．馬歇爾著，蕭寶森譯（2019）:《非暴力溝通：愛的語言》，台北，光啟文化。

家長要學會的情緒教育課：
靜觀親職

凌悅雯博士--

　　現任香港心聆行政總裁，香港非牟利機構的臨床心理學家，畢業於香港中文大學臨床心理學博士，並持有創傷心理學和臨床心理學的雙碩士學位及哲學學士學位。積極推廣整全情緒治療（Unified Protocol）、靜觀親職（Mindful Parenting）以及創新有效的心理治療模式，致力促進大眾的情緒健康。

076

　　早幾年學童自殺的問題受到傳媒廣泛報道，引起不少人對防止學童自殺及其精神健康的關注。其實面對壓力的不只是學童，還有家長。不過社會大眾較少談及家長所承受的壓力。縱使坊間有很多不同的家長課程，但大多只集中於教授管教技巧或者是提升學童學習動機等，卻甚少有處理親職壓力的課程。要解決學童的壓力問題，首先要處理家長的身心狀態。

親職壓力的來源

　　世界上有哪一份工作是一星期七天，全年無休，並且不可以辭職？那便是親職的工作了。作為家長最大的壓力是我們要為另一個生命負責，所以我們對自己的孩子都特別着緊、特別有期望。同時，孩子踏入不同的成長階段，對家長來說，都要重新適應。親職壓力是教養經歷的正常部分，當教養子女的需求超過我們預期和實際擁有的資源時，就會產生壓力，這些壓力有時會影響我們成為有效的父母。

家長的壓力主要有兩大類，包括：教養孩子的日常煩惱和親子關係（Deater-Deckard, 2008）。

相信父母能完全理解何謂教養孩子的日常煩惱。從叫醒孩子，催他們吃完早餐趕上校車，反覆要求他們在疫情期間專注於線上課程、要求青春期的子女停止沉溺於使用手提電話，或者阻止兩個兄弟姐妹爭奪自己的注意力等等。僅僅一個平凡日子，家長也可能因為這些責任和家務而積累了不同程度的壓力。

我們的大腦其實是很聰明的，面對日常生活的煩惱，大腦會幫助我們整理日常所接收的資料和預測未來可能會出現的情況，讓我們可以更快地做出反應，以節省更多的精力和時間來處理其他任務。然而，能做到即時及快速的反應是有所犧牲的。我們之所以能夠迅速做出反應，是因為我們根據自己的假設行事。因此，我們可能會忽略當下重要的信息，甚至會對孩子或伴侶做出倉促的判斷。

而親子關係包括關係的建立和維持，也包括如何修復破裂的關係。我們與其他人的關係其實也反映了我們與自己的關係。我們如何連繫自己的內心世界，例如：身體感受、情緒和思想。在教養的過程中，我們除了會感受到愛、喜悅和滿足，我們也會經歷失望、憤怒、自責、疲倦，甚至是衝突等等。究竟如何和這些情緒相處？這是家長自身需要學習的情緒課。

親職壓力如何影響我們？

很多時候，我們或會在教養子女方面花了很多時間和精力，以至於忘記了我們作為一個「人」的需要，而不是作為父母的需要。在

家長群組裏，有些家長會自我介紹為孩子的父母親（例如：晴晴媽媽、謙謙爸爸），甚至沒有介紹自己的名字；有些父母只記得孩子最喜歡的食物是甚麼，而忘記了自己最喜歡的食物是甚麼。當我們忘記傾聽自己的需要，也難怪我們會感到疲憊無比。這些壓力將影響我們的身心健康，包括影響情緒、睡眠變差、動力減少以及生活質量變低等。事實上，我們自身的健康也無可避免地影響到孩子的健康。而當我們學會如何有效地應對壓力時，我們也能成為孩子的好榜樣。

親職壓力也會影響我們教養孩子的方式。當我們處於壓力之下時，我們很容易忘記所學的管教技巧，繼而被憤怒、擔心、失望和沮喪的情緒主導我們的行為反應。尤其是當我們面臨壓力事件時，因為壓力讓我們感到不舒服，我們希望立即解決問題。我們希望速戰速決的想法通常會促使我們進入「作戰和逃跑」的本能模式，例如對孩子大罵（作戰模式）、不了了之（逃跑模式），甚至假裝看不見，這些都是「反應式教養」。雖然反應式教養可能會給我們一個快速的解決方案，但是從長遠來看，它也可能造成不良後果。例如，當我們晚上回到家，仍然看到孩子還在玩手機、玩網絡遊戲時，我們感到很生氣。在那一瞬間，我們為了阻止孩子而對他破口大罵，這種策略很可能在最初幾次有效。但是，若孩子在下一次沒有立即停止玩遊戲時，我們可能會採取更激烈的行為來阻止，例如拔掉電源線。這必然會傷害到親子關係。在繁忙的生活中，我們是否有空間讓自己思考甚麼是不會傷害親子關係而又有效的策略呢？我們是否有空間去了解孩子的觀點呢？例如：他是不是因為上學太累了？作業太難了？他實際上在休息中？

解決親職壓力的新方法

處理親職壓力的一種方法是為自己創造空間 —— 一個靜觀的空間或一個自我關懷的休息。阿姆斯特丹大學的蘇珊・博格斯教授發展了一套名為「靜觀親職」（Mindful Parenting）的課程（Bögels & Restifo, 2013）。在這套方法中，父母能學會全心全意投入於每一刻的教養經歷中。由於家長每天要處理很多生活瑣事，我們很容易採取自動化的機械模式來完成各項任務，忘記與孩子一起去感受和享受此時此刻。通過培養初心，我們重新體驗教養的新鮮感，排除在教養中的種種假設。你可以嘗試以下練習來觀察你的孩子。

練習 小貼士

練習一：初心教養

找 5 分鐘時間，在盡可能不干擾你子女的情況下進行此練習。你可以在他們睡覺、玩耍、看書、坐在電腦前、看電視或其他你覺得合適的情況下進行此練習。

開放你所有的感官，盡可能全面地觀察你的子女，就好像你是第一次見到這孩子一樣。你也可以想像自己是一個畫家、記者或攝影師。孩子的長相是怎樣的？觀察顏色、形狀和光暗。注意所有小細節，從細節到整幅圖畫，再放大和縮小。聆聽不同聲音：他們的語氣、走動時發出的聲音、呼吸聲甚至心跳聲。你還可以視乎場景，利用其他感官。如果你坐得非常靠近孩子，你或許會嗅到他們身體、頭髮或衣服的氣味。你能感覺到甚麼嗎？也許你的子女正倚靠着你或坐

在你的膝蓋上。你能嚐到任何味道嗎？例如你年幼的小孩把他的手指放進你的嘴裏。

以一份初心去看待子女，就像初次見到一個孩子一樣，這感覺如何？不要試圖以任何方式改變你所經驗到的，讓體驗保持原本的模樣。練習後，你可以記下當中的經歷。

你可以在日常中觀察自己的教養模式，看看有沒有一些自動化或機械化的模式。如果有的話，當然也不用批評自己，只需要覺察自己的假設和反應，然後嘗試留心自己當下的情緒、身體感覺和思想。

在壓力大的時刻，我們也可以嘗試留心自己的身心狀態。這是照顧自己的第一步。要處理自身的壓力，我們學習先不要即時消除壓力，而是慢慢去了解壓力告訴自己甚麼。這種仔細的傾聽是很重要的，就如當我們的朋友感到痛苦時，他們最需要的並不是別人的意見或指指點點，而是聆聽和體諒。以下是一個練習，培養我們在壓力時刻的覺察。

練習 小貼士

練習二：觀察親職壓力

把注意力放到你的親職壓力上。覺察與你的孩子有關的、和伴侶有關的，讓你感到有壓力的瞬間，並覺察自己的身體感受和行為衝動。抱持一個開放、好奇、非批判的態度，並覺察自己任何與壓力及隨之而來的衝動有關的負面想法。

以下有五個問題，讓你在感到親職壓力時寫下自己的答案。

1. 現在是甚麼情況？
2. 我的身體感覺或狀態如何？
3. 我覺察到甚麼情緒？
4. 我腦海裏浮現甚麼想法？
5. 我覺察到甚麼樣的衝動？

在意識到壓力時刻之後，我們可以為自己創造一個空間。在壓力時刻給自己帶來善意和自我關懷。有些家長在擔任父母的角色時，會想將自己變成「超人」。他們不僅忘記了自己的需要，還要求自己完美無缺，要甚麼都做得好。事實上，他們忘記了家長也是一個人，他們和其他人一樣都有不同的角色，有自己的需要，也要有自己的空間去沉澱生活的經歷。所以，我們要接納和溫柔對待自己的痛苦。我們要認識到，作為父母，我們也是一個有需要、不完美、值得被理解和關心的人。當我們感到壓力時，我們可以嘗試以下的自我關懷練習。

練習 小貼士

練習三：慈心練習（手放在心胸上）

嘗試去留意自己親職教養的痛苦時刻。可能是一件很小的事情，例如你的孩子沒有吃你盡力煮的一頓美味大餐；或你的孩子因你忘記了預備他的生日派對而生氣及難過。

第一步：告訴自己：「這是受苦的時刻」。

第二步：將自己的痛苦與其他父母所經歷的聯繫起來，對自己說：「我不是唯一一個正在受苦的」或「我不是唯一一個會犯錯的父母」。

第三步：對自己說一些安慰的話：「做一個好的父母並不容易」或「我要對自己仁慈一點」。看看你能想到多少安慰的語句，然後寫下來。或者嘗試進行安慰自己的行動，例如：將雙手放在心胸上，感受一下由一隻手傳到另一隻手上，再由雙手傳到你心胸上的壓力和溫暖。你想感受這種感覺多久，就感受多久。

通過這樣的自我關懷練習，我們對自己的需求有了深入的理解，並照顧到了自己的感受。這為我們的心靈創造了空間，讓我們以更有智慧的方式去理解和照顧他人，並做出合適的回應。

就如我們在乘搭飛機前，航空公司會在飛機起飛前播放的安全短片一樣，如飛機遇到緊急情況時放出氧氣罩，父母需要先幫自己戴上氧氣罩，然後才替同行小孩戴氧氣罩 —— 當我們要照顧孩子之前，我們要先好好照顧自己。

甚麼樣的父母適合做靜觀教養？

無論你有沒有親職壓力都可以學習靜觀教養的方法。這個課程亦吸引了一些因為孩子的發展問題（如自閉症譜系障礙、專注力失調或過度活躍症）、自身的壓力、心理問題、成長背景或婚姻問題而遇到不同挑戰的父母參加。

註：本章節的練習是取自於蘇珊・博格斯《靜觀親職：在充滿事務的世界中，尋找存在的空間》一書（Bögels, 2020）

參考資料

蘇珊・博格斯著，凌悅雯譯 (2022)：《靜觀親職：在充滿事務的世界中，尋找存在的空間》，香港，新生精神康復會。

Bögels, S., & Restifo, K. (2013). *Mindful Parenting: A Guide for Mental Health Practitioners*. Springer Science & Business Media.

Bögels, S. (2020). *Mindful Parenting: Finding space to be-in a world of to do*. West Sussex, UK: Pavilion Publishing and Media Ltd.

Deater-Deckard, K. (2008). *Parenting stress*. Yale University Press.

延伸閱讀

克莉絲汀・娜芙、克里斯多弗・葛摩著，李玉信譯 (2021)：《自我疼惜的 51 個練習：運用正念，找回對生命的熱情、接受不完美和無條件愛人》，台北，張老師文化。

馬克・威廉斯、丹尼・潘曼著，吳茵茵譯 (2018)：《正念：八週靜心計畫，找回心的喜悅》，台北，天下文化。

奧朗・傑・舒佛著，吳宜蓁譯 (2020)：《正念溝通：在衝突、委屈、情緒勒索場景下說出真心話》，台北，究竟出版社。

新生精神康復會 (2020)：《人生的痛，其實沒有那麼苦》，香港，蜂鳥出版。

照顧在職青年的心靈

鄒銘樂先生⋯⋯⋯⋯⋯⋯⋯⋯⋯⋯⋯⋯⋯⋯⋯⋯⋯⋯⋯⋯⋯⋯⋯⋯⋯

　　於 2010 年接觸梅村禪法，深受其簡樸入世的修行方式所感染，及後完成香港中文大學宗教研究碩士。於 2018 年成立民間正念禪修組織「一起靜」，致力推動持續的禪修文化，並在不同的社區散播正念的種子。

　　「職青」，職業青年，社會的另一印象 —— 窮忙族。或許你也是其中一位：二十歲出頭的你初踏社會，總是帶着一鼓衝勁，做着吃力不討好的工作；很快又過了數年，為升職加薪籌謀，排山倒海的工作得不到喘息；年近三十，人生又開始為心愛的人而奔波，盤算着「上車」的機率，拼了勁只為更好的將來。就這樣，忙碌了十年。在香港這小小的土地中，這些為三餐餬口的青年，哪裏有能夠承載他們的空間，讓他們「靜」下來呢？

　　「一起靜」是一間推動正念文化的民間組織，成立初衷是希望一群人可以透過靜下來，重新連結自己、他人、社會，以至大自然。創辦人鄒銘樂（下稱阿樂）2011 年接觸正念，後跟隨香港梅村一行禪師修煉。阿樂大學時希望設立共修小組讓中大師生有一個環境進行禪修，於是這就成了「一起靜」的前身。大學畢業後，阿樂亦成為了「職青」，全職工作了四年，便決定成立屬於自己的機構。

「職青」的困惑

　　對於職青而言，初踏入社會工作，缺乏經驗，或許容易迷失。而當他們的能力和責任漸漸增加，如何平衡收入和自己想要的生活，就成了他們內心不斷浮起的疑問。「一起靜」接觸了不少青年同修，發現他們都正正面對着同一個問題 ——「我」是誰？對他們而言，探索自我價值是重要的課題。阿樂認為他們總是在夢想和理想之間拉扯，而決策時的風險和代價，讓不少青年人陷入困惑中。他坦言：「當初成立一起靜的時候，自己也有許多矛盾，旁人又有很多看法，畢竟當時只有幾年工作經驗。」正因如此，禪修能夠使「職青」重新傾聽內心的聲音，共修小組讓他們一同靜下來，在如此混亂和無所適從的狀態下，給予他們生活或生命上的自由。對於許多青年人而言，不論在人際關係、工作，甚至是生活形態，他們都只着眼於其中一種解決方法，然而世界的路如此多，唯有靜心思考的時候，才能找到最適合自己的康莊大道。

085

從零到一

　　一起靜最初由一個共修小組開始做試點，慢慢一傳十，十傳百，不少在職人士放工後也會特意從各區趕到長沙灣共修，有的是從堅尼地城來的，有的是從屯門來的，有的是從元朗來的。而禪修小組時間都定在晚上，每星期一次，每次兩小時。對不少在職青年而言，這兩小時卻是騰出來的珍貴時間，能完成一次共修已是奢侈之事。在香港，工時過長並非奇事，朝八晚六，若碰巧有大客戶，又要連夜加班。在疫情之下，在家工作，更令下班的界線愈加模糊，而工作漸漸侵佔生活中更大的部分，「Work-life Balance」都不過變成了一句口

號。面對失衡的情況，這短短的兩小時，讓他們從靜觀中學會呼吸的節奏，調整自己的步伐，反思自我。這持之以恆的微小改變，足以產生莫大的影響。

練習 小貼士

修習一：數息觀

數息觀是一項能讓修習者以「數字」和「呼吸」作為指導的靜坐修習。修習者先調整身體姿勢、呼吸，然後開始覺察每一個自然的呼吸。吸氣時覺知到自己正在吸氣；呼氣時在心中默念「一」，腦中可以配合作一個「一」字的畫面。然後繼續吸氣時覺知到自己正在吸氣；呼氣時在心中默念「二」，一直「三、四、五……」的數下去。由一到十，再由十到一，直至你的念頭離開了數字，便歸零重新開始。如此，我們便能從數字的覺察中了解到自己失念的情況。

修習二：隨息觀

隨息觀是一項能讓修習者以「自然呼吸」作為指導的靜坐修習。修習者先調整身體姿勢、呼吸，然後開始覺察每一個自然的呼吸。吸氣時覺知到自己正在吸氣；呼氣時覺知到自己正在呼氣。如果在呼吸間失念，我們可以溫柔的邀請自己回到自然呼吸之中。單純的跟隨自然呼吸有助我們把身心安定下來。練習的時間長短因人而異，可將練習融入生活中，等車時、坐車時、上班途中、入睡前都可以練習。

從塵變到大變

　　阿樂回想起禪修對他最大的改變，是解開了他壓抑在心裏的心魔。他剛接觸禪修的時候是在大學時期，當時他總是害怕社交，和別人交談時，總會迴避他人的眼神，甚至當看着別人的時候，便會流眼淚。當時的他不認為這是一個問題，也沒有尋求解決的方法。直到有一次，他連看着鏡中的自己也感到恐懼。後來他開始了禪修，對自己有所覺知，才發現原來自己一直逃避社交、害怕社交，也明白問題根本來自於自卑感和我執。而禪修為他化解當中的心結，學習放下對自我的執着、自卑的觀念。他慢慢找回屬於自己的一部分，釋放了壓抑在心底的壓力，願意和別人分享自己的感受。

　　禪修不單讓他找到自我，更幫助他去尋找自己的人生方向。很多在職青年都有自己的理想，但又有多少個能夠不在意其他人的閒言閒語，勇於追尋夢想呢？這一點阿樂很有共鳴，他也思考了很久自己需要一個怎樣的生活方式，到底要成為一個全職的「打工仔」，還是去開創一條屬於自己的路。他認為需要莫大的決心才能抵受四周不同人的閒言閒語。

　　每一次的禪修課都會先安排同修靜坐，透過短短 15-20 分鐘，讓自己安靜地坐下，在這一段時間中接納今天的一切，哪怕只是一瞬間，都希望能夠回歸到自我，停下日常工作時的忙碌，為內在帶來一片寧靜。

練習 小貼士

深度放鬆是一個讓你深度休息的靜觀練習，有一些朋友稱作「身體掃描」。你可以選擇一個合適的空間躺下，一個不受干擾和寧靜的空間會更容易讓你放鬆下來。然後你可以躺下來給自己十回有意識的自然呼吸，吸氣時知道這個是吸氣，呼氣時也知道這個是呼氣。

隨着觀察呼吸，慢慢將心收回身體之中。接着你可以把注意力放到身體不同的部位上，由我們的頭部開始一直往下，臉部、頸部、背部、腰部、腳部……每一個位置也給予一些時間感受。你可以讓心停留在某個位置呼吸數下，心中默唸這句指導語：

吸氣，我留意到這個位置的感覺，

呼氣，我對這個位置微笑。

如此，我們由上至下為身體每一個部位微笑，有意識地放鬆下來。過程裏我們可能會進入睡眠狀態，這意味着你需要休息，並不需要強迫自己保持精神。

令阿樂最深刻的一位同修，是從事藝術工作的。在他未接觸禪修前，他的畫作展現出強烈的負面能量。禪修初期，他總是一言不發，態度有點冷傲，常拒人於千里，心防難以卸下。但經過數年禪修後，他慢慢接納別人，從他的作品中展露出快樂的情緒，甚至能感染他人，全情投入到藝術工作中。這是一個翻天覆地的改變，亦是一個由內至外的蛻變。

從痛苦到療癒

難得的休假，有些人會陪伴家人，有些人則獨留在家看戲，有些人卻選擇出走繁華鬧市，參加禪修營。日積月累，身心俱疲，試問有多少人曾留意過自己的走路姿勢？平日的早上人來車往，趕着回到各自的崗位，下班之後，便拖着疲累的身軀回家。倒不如藉着大自然的力量，放下思緒，重新認識自己。在三日兩夜的禪修營中，都會要求同修從房間到洗手間，由洗手間進入禪堂，再由禪堂到飯堂，每一個步伐都要做到「行禪」。「行禪」即是走路，能夠幫助我們提升專注力和呼吸的完整性。只要透過正念步行，便能獲得喜悅和足夠的能量，支撐所需。

089

練習 小貼士

找一個合適的空間，可以是你上班或上學的一條路來練習正念步行。很多時候我們都以步行作為一種工具，目的地遠在他方，這個心態反映在生活的每時每刻。我們每天所作之事都是為了他人的幸福，今天所作的善行也是為了將來的福報，但我們卻只活在此時此刻！正念步行就是一種帶我們回到當下的練習，我們當下所作的就是目的本身，不需要等待明天到來才能夠快樂。

首先我們可以閉上眼睛，深呼吸三次，讓整個人放鬆下來。扎根大地，把整個身體的重量都交到大地之中，感受那份大地承托的安穩。當我們覺得準備好的時候，我們可以配合呼吸來步行，例如一下吸氣走一步，一下呼氣走一步；又或是一下吸氣走兩步，一下呼氣走

兩步。總而言之，找一個自己能夠享受的步速，深深的把心安住在呼吸與步伐的連結上。過程中你可能會覺察到心念離開了呼吸與步伐，你只需要溫柔的邀請自己回到呼吸上，無須自責或氣憤。

另一種正念步行的方法是結合一些句子來讓我們變得專注，例如「在走路中，我安穩」這樣一句。你可以每走一步在心中讀誦一字：一步（在）一步（走）一步（路）一步（中）⋯⋯

這樣的修習能培養我們覺察的能力，留意到心念的散亂，有意識的停下來，回到呼吸上。持續修習，我們便能更有效的在生活中發揮「覺察」、「停止」、「選擇」的心靈特質。

年輕人都向着尋找「我是誰？」的道路，似乎忘記了自我真正的感受。一行禪師道：「生命的意義就在每個當下，每一個呼吸，和每一步腳下的路。」職青的一雙肩背負了無數的責任和義務，靠着一群人的力量，讓你、我、他，在旅途上一起傾聽、一起行禪、一起坐禪，一起靜。

訪問：劉雅詩　筆錄和草稿：呂志芳

參考資料

一行禪師 (2020)：《和好：療癒你的內在小孩》，新北，自由之丘。

Janssen, Heerkens, Y., Kuijer, W., Van Der Heijden, B., & Engels, J. (2018). Effects of mindfulness-based stress reduction on employees mental health: A systematic review. *PloS One, 13*(1).

Steinebach, & Langer, Álvaro I. (2019). *Enhancing Resilience in Youth*. US: Springer International Publishing AG.

Walsh, & Arnold, K. A. (2020). The bright and dark sides of employee mindfulness: Leadership style and employee well-being. *Stress and Health, 36*(3), 287–298.

延伸閱讀

一行禪師 (2022)：《師父的僧袍：一行禪師的正念修習感悟》，新北，自由之丘。

石頭 (2021)：《椅子椅子你是誰》，香港，一起靜。

鄒銘樂 (2021)：《正念修習手冊》，香港，一起靜。

一個大學生在社群踐行靜觀的故事

余雋彥先生--

在大學期間機緣巧合下修讀了靜觀課程，體會當中的力量，從此和靜觀結下不解之緣，其後積極在教會、大學群體以及特殊學習障礙之家長互助組帶領及推廣靜觀。相信透過培育自我關懷，能加強情緒調控之能力，並提升個人的抗逆力。現為香港大學社會工作系碩士學生，立志以靜觀作介入手法，提升人類福祉，讓大眾了解照顧自身心靈健康之道。

與靜觀結緣

感謝恩師劉雅詩博士 Elsa 邀請，讓我有機會分享在社群裏推廣靜觀的經驗。第一次接觸靜觀要追溯到本科時期，為符合通識教育學分要求而修讀「以正念（靜觀）在現代世界提升幸福和健康」，當時對靜觀並沒有甚麼概念，對課程也沒有甚麼期待。還記得初時課堂上的練習我經常打瞌睡或被很多念頭所帶走而分心，但 Elsa 鼓勵我在身邊先找一個「錨」，即專注於身體裏的一點，將覺察安穩於「錨」。我逐漸能專注於進入屬於自己的練習——一個平靜簡單的空間。隨着每天持續的練習，我開始體會到靜觀對身心的變化。日常生活中，我不再為瑣事而生氣。我以前是個情緒智商較低的人，經常鬧脾氣，對人諸多挑剔。現在的我能以一個寬容的心去看事情，不抱執念去活，更多了一份感恩的心。我明白到原來靜觀的力量是這樣大，為我的身心帶來改變，透過簡單的練習竟能提升幸福感，因而啟發我要宣揚靜觀，將實用的練習及背後的態度和理念推廣出來。

靜觀大使的經驗

帶着推廣靜觀的熱誠，我積極尋找機會於我所屬的社群裏宣傳靜觀。剛好得到劉博士的指導和幫助，招募志同道合的同學成為教大靜觀推廣計劃籌委。九位籌委本着慈愛和同理心，共聚交流願景。同時，我們幸運地得到大學基金資助，讓我們以學生主導，籌備以校園為本的自我關懷活動，第一屆靜觀大使就這樣組成了。

當時正值社會事件如火如荼之際，校園裏也瀰漫着躁動不安的情緒，大家的心情都因為身邊所發生的事而受到影響。一眾靜觀大使更感到有需要為同學們作心靈上的支援，希望透過靜觀介入，讓大家可以好好覺察自己的身體狀態，醒察自己內在需要。經過商討後，我們決定在校內舉行三次活動，內容包括：靜觀體驗、禪繞畫工作坊等。活動結合概念解說和體驗，目的是為同學提供心靈喘息的空間。然而活動準備舉行之際，新冠疫情爆發，大學也開始停止面授課堂。我們立即將活動轉為網上舉行，感恩最終工作坊也能順利舉行。

雖然此計劃的推行可謂一波三折，但是計劃都能夠符合目標：在大學群體中推廣自我關懷，促進心理健康。參與的同學都覺得活動能幫助他們放鬆身體，對身心有新的體會，能夠從另一個角度觀察自己情緒的起伏。團隊都十分感恩活動能在這個艱難的時期，發揮祝福校園的效果。在籌備過程中，大使們都能夠將所學習到的知識轉化成為實踐內容。對我而言，除了了解到籌備相關活動可能遇到的困難，也學習到靜觀的帶領技巧，為我累積了寶貴的經驗，成為我日後在不同社群推廣靜觀的參考。

疫情下的靜觀推廣

在疫情新常態下，實體活動無法進行，很多活動也需要透過網上平台（例如 Zoom）舉行。在現實環境的限制下，靜觀活動也只能移師到線上去。筆者曾經舉行以自我關懷為主題的網上活動，對象包括特殊學習障礙學生之家長互助組和青年基督徒團契，為他們帶來靜觀體驗。特殊學習障礙學生之家長在日常照顧孩童所付出的精力甚多，往往積累無比的情緒和壓力。活動除了介紹靜觀的由來和定義，還配合呼吸練習、身體掃描、靜觀伸展練習等體驗，讓大家簡單認識靜觀與減壓的關係。同時亦鼓勵參加者在家自行練習，以提升整體生活質素和幸福感。參加者反應正面，指出活動能夠讓他們好好放鬆，令他們留意到「自動導航模式」對身心帶來的影響。「自動導航模式」是指我們生活間的大小事，由習慣主導，讓我們可以不思考就完成事情，看似幫助我們更有效率完成事情，卻讓我們失去了生活的滋味。參加者希望自己日後能利用靜觀減壓，培養活在當下的心。

然而網上活動也有其限制。體驗活動除了由主持人帶領練習外，分享環節也是其中一個活動的核心。透過參加者互相分享自己在活動上的經歷和感受，加上主持人的回饋來深化他們對靜觀的理解。然而網上平台始終隔着一個電腦屏幕，有一定的距離感，參加者因着尷尬或其他原因通常都較被動。主持人需在小組凝聚力方面多下功夫以鼓勵參加者分享。但無論如何，網上活動也有其價值，是疫症蔓延時，讓不同對象學習、體會和感受靜觀最方便的渠道。

社區推廣的重要性

有人認為靜觀必須透過參加正規課程，例如「靜觀減壓課程」（MBSR）或「靜觀認知療法」（MBCT）才能培養自身的照料和復原能力。的確，就整全地認識及熟練地學會使用靜觀練習而言，修讀課程是最佳的方法，且眾多研究都指出這些課程具心理治療性質。然而這些課程的課時基本以八週為本，要完成修讀往往需要花上數個月的時間，有這個心力並不容易。加上參加者都需要先對靜觀有基本的認知，知道甚麼是靜觀，並對此產生興趣才會報讀課程。因此，向大眾推廣靜觀就變得重要，讓更多人知道、認識，再選擇修習靜觀。再者，現今社會環境不停轉變，我們難免會感受到壓力，需要有更強的適應力應對。靜觀就是一種正向價值，藉着培養覺察力及同理心，增強我們的抗逆能力，也讓我們有智慧地在生活上作出選擇。

筆者有一個願景，希望正念成為一種大眾的生活方式，學會活在當下，善待自己，讓大家都能夠有健康的心靈。要達成這個目標，實在需要更多的社區教育。而推廣這回事並不只是留給專業人士去做，本着助人和促進大眾提升幸福感的心，帶着靜觀的核心態度，你和我都可以出一分力。

結語

執筆之時，香港新冠病毒確診數字再創新高，檢測站排滿了人龍，菜價連日急升，人心惶惶。在這個紛亂的時候，疫症不單影響我們的「身」，也改變「心」和「靈」。我們的心很容易被外間的事情所影

響，會感到煩惱、擔憂、焦慮，思緒被負面念頭所支配，整個人好像失去了活力。我們社區的每個人切切實實需要自我關懷，而靜觀正好是一個絕佳的介入方法，幫助我們安穩下來。

一行禪師說：「生命的意義就在每個當下，每一個呼吸，和每一步腳下的路。」讓我們都回到最基本，留意我們每一個呼吸和身體的感覺。即使世界不像我們預期，我們也懷着一個接納、放下、感恩的心，找回內心的平靜。願大家平安、自在、心安。

練習小貼士

作為靜觀推廣者，本身的修行也是很重要的，建議每天進行不少於15分鐘的靜觀練習。練習並不需要花很多時間，在日常生活中，也可以加入靜觀元素。試想想每天我們花了四五小時在手機上，何不分配15分鐘去關懷自己的身、心、靈？

1. 洗手禪

疫情之下相信大家每天都多了洗手，其實洗手也可以加入靜觀元素。

首先，打開水龍頭，沾濕我們的手，帶着一份溫柔友善將覺察帶到雙手，感受水流過雙手時的感覺。可以的話，揉搓雙手，由手掌、手背、指隙、指背、指尖到手腕，感受手互相觸碰的感覺。最後抹乾雙手後，在心中祝願自己：「願我健康！願我平安！」重覆此句兩至三次，並感謝自己對健康的關顧。

2. 靜觀進食

大家有沒有試過即使吃完整頓飯，卻不知道剛才吃了甚麼？因為我們將專注力投放到外在環境中，例如：看電視、滑手機、與人交談，因此容易忘記吃了些甚麼。在這個練習中，我們嘗試完全專注於進食的過程，有意識地用所有感官去深入理解和感受食物，將覺察帶到拿起餐具、吞嚥的感覺。慢慢地感受咀嚼的過程，留意食物在嘴裏的變化，謹記保持開放和好奇的心。

這些生活化的練習，旨在讓我們培養覺知，享受全然地活在當下。網上有眾多的練習指引、錄音等讓大眾可以跟從，相信大家自行搜尋也可以找到不少。記住我們無須強迫自己進行練習，最重要是透過簡單練習去提升覺知。靜觀就如心靈的健身，當持續地練習，我們會發現身心的變化，例如專注力的提升和更佳的情緒管理。

更多推廣靜觀的方法

究竟如何推廣靜觀才好？相信是不少助人專業在實務上的煩惱。除了傳統的靜觀體驗活動，也可透過其他媒介，以既輕鬆又有趣的方式推廣靜觀。

1. 桌遊 —— The Mindfulness Game

作為一款教育類桌遊，它內有不同的正念練習小遊戲，能協助你以輕鬆的方式推廣靜觀。特別適合用於教導兒童、青少年學習靜觀及培養當中的態度，建立正向價值，同時能夠訓練溝通能力。推薦用於團體遊戲治療。

2. 藝術介入

　　加入藝術元素的靜觀活動可以更吸引人們參與。例如近年流行的「禪繞畫」和「圓圈繪畫」都是不錯的選擇。「禪繞畫」（Zentangle）是透過規律的一筆一畫構成圖形，進入放鬆又專注的狀態，進而培養不加批判的思維。「圓圈繪畫」（Circle Painting）始於美國，簡單來說就是以點、線、圈，多人合作共同創作一幅畫作。過程中既可釋放壓力，又可不加批判地互相交流，學習欣賞對方，進而培養出正向價值觀。

參考資料

林瑞芳 (2021)：《靜觀自得：生命的祝福》，香港，皇冠出版社。

Peterson, C., & Seligman, M. E. P. (2004). *Character Strengths and Virtues: A Handbook and Classification.* New York: Oxford University Press and Washington, DC: American Psychological Association.

Rappaport, L. (2013). *Mindfulness and the Arts Therapies.* Jessica Kingsley Publishers.

延伸閱讀

一行禪師 (2008)：《正念生活，當下快樂》，台北，橡實文化。

新生精神康復會 (2022)：靜觀 x 藝術「自」療，檢自 https://www.mhlearninghub.hk/wiki/detail/meditation-and-art-therapy-for-oneself，檢索日期：2022.5.18

賽馬會「樂天心澄」靜觀校園文化行動 (2022)：資源套，檢自 https://www.socsc.hku.hk/jcpanda/resources-packages/，檢索日期：2022.5.18

職前和在職教師的正向價值教育

劉雅詩博士--

現任香港中文大學教育學院高級講師，前任香港教育大學社會科學系高級講師，曾於中學擔任倫理宗教科統籌，完成社會人類學哲學碩士和宗教研究哲學博士，近年研究華人地區跨國正念和靜修活動。兒童時期開始接觸東方傳統靜修，青年時期開始正式學習東、西方各種傳統靜修方法，包括非宗教正念課程。自 2007 年開始為本科生、職前教師和在職教師進行正念、身心靈健康和正向教育等教研工作，並定期在國際學術期刊和學術出版社發表相關文章。

培育正念和慈愛以應對教育工作的挑戰

近年適逢實習視導的時段，都會遇到類似以下的情況：幾年前，正在修讀幼兒教育學士課程三年級的詩韻來到我的辦公室，坐下來不久，眼眶一紅，眼淚就流下來。我感到有點愕然，因為畢竟我只是她的通識教育科導師，出於教師本能，我立即把門關好，然後輕聲問她：「到底發生了甚麼事？」她委屈地飲泣道：「實習真的很辛苦！備課工作很多，導師們要求又很高！我很擔心未能達標。」幸好問題並非我想像中的嚴重，我鬆了口氣，然後繼續聆聽她在實習期間面對的種種困難和擔憂。

筆者有幸曾親身經歷教育改革期間的前線教育工作，相當理解詩韻的感受。事實上，因着知識型社會的需要，千禧年之後，教育改革引領中、小、幼學習範式作出了巨大的改變——以教師為本的傳統教學模式被學生為本的模式所取代，前線教師在課程設計上既要追趕改革指標如科技教育等，也需要照顧學生的個別需要和差異。此外，

有別於從前以某學科為本的工作分配，在教改下每位教師都需要跟其他科目和組別的同事合作協調，以達致跨學科合作，以及全方位學習的支援效果。因應融合教育的趨勢，每位教師也被期待具備識別和支援特殊教育需要（SEN）學童的知識和技巧。

教學環境隨着社會變化而瞬息萬變，例如近年全球大流行的疫情，本地教師需要在短時間內適應由面授課堂改為線上教學模式，或者是混合模式（Hybrid Mode）。不少研究經已指出教師跟其他助人專業類似，是一個高壓力和容易引起心身症（Psychosomatic Disorder）的行業（Herman et al., 2018）。筆者曾經為職前教師進行一個先導研究計劃（Hue & Lau, 2015），發現六週正念訓練（Mindfulness Training）課程參加者的正念和幸福感明顯增加，迴歸分析（Regression Analysis）也發現正念有效預測幸福感、壓力、焦慮和抑鬱徵狀。

在這個具備挑戰的工作環境，筆者認為教師除了裝備好應有的教學知識和技能，長遠來說，更需要建立正向價值和維持身心靈平衡健康，以實踐全人教育（Holistic Education）（請參閱「甚麼是靜觀和正念？——宗教、心理和教育的視角」一章）。筆者有幸在任職前線教師時，透過實踐正念和慈愛練習，改善身心狀態和保持正向價值，以下我將介紹幾類教師日常主要面對的挑戰以及相關的練習小貼士，推薦給職前教師和在職教師以提升身心靈健康。

每天照顧好自己的身心靈健康

現代社會不少工作都是多項任務處理（Multi-tasking）性質，學校教師的工作明顯是其中一個例子。例如，清晨一大早回到學校要馬上到操場或課室附近當值；集體早會期間要為學生檢查校服，同時又要

處理同學缺席事宜；進入課室後一邊請同學提交家課，另一邊也要處理班內事務；午膳時間可能要處理學生的突發事情（例如欠交家課、情緒問題、意外受傷等），午餐飯盒才吃到一半，下午上課的鐘聲就響起來了；放學後帶領的課外活動可能跟同事開會的時間重疊，需要同時兼顧兩方面；天黑了，離開學校前好像還有工作未完成，回到家可能還要跟學生家長溝通或回覆手機應用程式的訊息……

管理學學者 Allen Bluedorn（2002）研究發現，有些人擅於同時處理多件事情，有些人擅於把一件事做完再做另外一件。不論是哪一類型，都不難想像前線教師每天需要耗用不少精神、體力，也要保持高度專注和清醒的頭腦，以應付繁忙的工作。要避免耗竭（Burn-out），甚至焦慮和抑鬱，教師需要照顧好個人的身心靈健康和平衡。

教師可以在早上起床後、中午和晚上臨睡前進行「1 分鐘快速身體掃描」了解身心需要。在忙碌的一整天中給予自己小休機會，以進行「3 分鐘呼吸空間」練習。

練習 小貼士

「1 分鐘快速身體掃描」

選擇以坐着、站着或者仰臥的姿勢，先放鬆整個身心，由頭頂開始輕柔地覺察身體各部分 —— 額頭、臉部、頸部、肩膀、手臂、手掌、手指、胸膛、腹部、臀部、大腿、膝蓋、小腿、腳掌，關注可能不適的部位。最後，深深用鼻吸一口氣，想像吸入至身體各處，呼出的時候想像從身體各處呼出。之後可以開展一天的生活，又

或者讓自己好好休息。

「3 分鐘呼吸空間」

選擇以坐着或站着的姿勢，第一步先覺察整個身體的狀態，留意一下現在的心理狀態如何，嘗試接納此時此刻的身心狀態。第二步，專注觀察自然呼吸的變化大概 1 分鐘，選擇將覺察移到鼻孔附近、胸口或者腹部的位置。第三步，將覺察由呼吸帶到整個身體，留意全身約 1 分鐘，假如時間容許，可以將這三步延長。

註：參考正念認知治療（簡稱 MBCT）課程的「3 分鐘呼吸空間」練習

不少腦科學研究經已指出持續正念練習能明顯改變腦部功能，例如腦科學家 Richard Davidson 等人（2003）發現正念練習令左前額葉皮質區域活躍，提高感冒抗體和快樂感。持續六星期每天不少於 20 分鐘的覺察呼吸練習，有助培養明顯穩定的專注覺察、正向情緒以及和諧的人際關係。

練習小貼士

「每天 20 分鐘呼吸練習」

在一個寧靜安全的空間，選擇坐在椅子上（雙腳齊地）或以盤腿姿勢坐着，保持放鬆而莊嚴的坐姿，專注觀察自然呼吸引起的身體變化，可以選擇將覺察移到鼻孔附近、胸口或者腹部的位置。

面對校內突發事件

以下情境相信很多老師都有經驗：「空堂」期間在教員室裏專注批改學生課業，還有五份就可以完成，突然有同學匆忙到教員室：「劉老師！不得了，朱小明同學身體不適，在課室……」話未完，老師就立即奔向課室處理突發事情。事實上，學校裏發生的突發事件，一天可以有好幾次呢！即使平常處事冷靜，面對突如期來的事情，難免會出現慌張的情緒，這時候，覺察腳底練習可以有助於冷靜處理事情。美國心理學家 Singh 等人（2007）所發展的腳底練習課程有效減少自閉症（Autism）兒童和青少年的攻擊性行為（Aggressive Behavior）。

練習 小貼士

「覺察腳底練習」

平時無論站着或是行走活動時，都可以練習覺察腳底（Soles of the Feet）部分，以腳底為「錨」，留意腳底接觸地板的感覺。遇到突發事件時，就能自然留意腳底，不失覺察地冷靜處理事情。

以專注開放的心聆聽學生心聲

教師在學校兼任學生輔導工作是平常不過的事，遇到特殊教育需要的學生，需要花的心力更不可少。不過，有時學生可能會出現情緒不穩定的情況，甚至出現對抗性態度和行為，教師有時也可能會表現得過於激動，令師生溝通產生障礙。教師如何緩和或改善師生之間溝通的氣氛？可以嘗試「停一下、先覺察、後聆聽」。

練習 小貼士

「停一下、先覺察、後聆聽」

　　可以邀請學生在一個寧靜安全的空間，坐在椅子上，由老師帶領同學一起進行「1分鐘快速身體掃描」，時間容許的話可以一起留意自然呼吸1分鐘，然後再請同學分享，教師專心聆聽，避免打斷同學的說話。此外，也要覺察內心可能出現的先入為主的偏見。

向困難中的學生散發慈愛祝福

　　不少前線教師可能都曾經歷過，很用心但是依然無法改善某位同學的學業或品行。或許是受限於同學的家庭背景或個人特殊學習情況，教師心裏感到咬牙切齒的憤怒，又感到不甘心或歉疚，甚至沮喪，假如教師不面對這些心結，累積下來，可能會增加抑鬱的機會。筆者也曾經歷多次沮喪，後來學會了散發慈愛練習，每當離開學校後心裏仍然想起那位同學，就以他為對象，進行慈愛練習。雖然不知道何時能有進展，但是接受目前處境的限制，並保存希望，安心入睡，以迎接翌日的工作。

練習 小貼士

「散發慈愛練習」

　　在一個寧靜安全的空間，選擇坐在椅子上（雙腳齊地）或以盤腿姿勢坐着，保持放鬆而莊嚴的坐姿，輕輕閉上眼睛，專注觀察自然呼

吸的變化約 1-2 分鐘，然後將覺察移到胸口位置，提醒自己將善意送給困難當中的學生。想起他的容貌，好像就在面前。

祝願他平安，

祝願他健康，

祝願他快樂，

祝願他能早日衝破障礙、解決困難⋯⋯

（可以加入合適的正向字句）

以正念教育為主的三層架構

　　筆者（Lau, 2017）建議香港學校透過三層架構（3-Tier Model）推廣正念教育，第一層是全校師生掌握基本正念訓練，營造校園友善和正向的氣氛，例如關愛、接納包容、感恩和增強抗逆力等；第二層就是以小組訓練模式幫助特殊教育需要學生學習以正念處理情緒和改變行為，也可以幫助資優學生發揮創意和增強領導力等潛能；第三層可以為有特殊教育需要學生設計個別課程。

　　總括而言，對於工作極具挑戰的教師們，培育正念和慈愛的正向價值教育不但有助他們潤澤心靈，也能實踐全人教育的理念，照顧學生身心靈的全面發展，以達致孟子所說的「學不厭，教不倦」。

後記和致謝

筆者感恩於 1997 年就讀香港中文大學教育文憑課程前開始跟幾位老師學習不同的正念修習方法，慶幸自 2007 年開始在香港教育學院以短期課程（四至六週）、工作坊和講座形式向數以千計的職前和在職教師、校長等推廣正念教育。筆者感謝香港教育學院宗教教育與心靈教育中心陸鴻基教授（創辦人）、王秉豪副教授（前主任）和陳賢冰博士

（前副主任）創立中心和靜室，及對於筆者推行正念教育工作的支持，包括舉辦一行禪師 2007 年首次大型覺醒生活營活動、馬克‧威廉斯（Mark J.Williams）教授 2012 年首次訪港一系列正念學術活動如 MBCT 培訓等。

自 2017 年開始筆者有幸在香港教育大學開辦首個正念和幸福相關的通識教育科目——「以正念（靜觀）在現代世界提昇幸福和健康」（Mindfulness Approaches for Promoting Well-being and Health in Modern World），以系統的方式向職前教師和本科生介紹正念教育的理念和實踐方法。筆者感謝李子建教授（學術及首席副校長）重修靜室，教育政策與領導學系鄧怡勳教授、特殊教育及輔導學系許明得教授（前系主任）和劉鐸副教授（系主任）、言語治療師郭懿德女士和劉淑嫻女士（前副系主任）、社會科學系張贊賢教授（系主任）、姚偉梅教授等同事對於筆者在香港教育大學推廣正念教育工作的支持。

筆者服務香港教育學院宗教教育與
心靈教育中心期間部分相片

筆者服務香港教育大學特殊教育及
輔導學系期間部分相片

參考資料

Bluedorn, A. C. (2002). *The Human Organization of Time: Temporal Realities and Experience*. Stanford, Calif.: Stanford University Press.

Davidson, R. J., Kabat-Zinn, J., Schumacher, J., Rosenkranz, M., Muller, D., Santorelli, S. F.,et al. (2003). Alterations in brain and immune function produced by mindfulness meditation. *Psychosomatic Medicine, 65*, 564–570.

Herman, K. C., Hickmon-Rosa, J., & Reinke, W. M. (2018). Empirically derived profiles of teacher stress, burnout, self-efficacy, and coping and associated student outcomes. *Journal of Positive Behavior Interventions, 20*(2), 90–100. https://doi.org/10.1177/1098300717732066

Hue, M. T., & Lau, N. S. (2015) Promoting well-being and preventing burnout in teacher education: a pilot study of a mindfulness-based programme for pre-service teachers in Hong Kong. *Teacher Development, 19*(3):381-401.

Lau, N. S. & Hue, M. T. (2011). Preliminary Outcomes of a Mindfulness-based Programme for Hong Kong Adolescents in Schools: Well-being, Stress and Depressive symptoms. *International Journal of Children's Spirituality, 16*(4): 305-320.

Lau, N. S. (2017). Chapter 5 Application of mindfulness approaches for promoting mental health of students in school counselling. In Ming-tak Hue (ed.) *School counselling in Chinese Context: Supporting students in need in Hong Kong.* Abingdon: Routledge.

Singh, N. N. Lancioni, G. E., Joy, S. D. S., Winton, A. S. W., Sabaawi, M., Wahler, R. G. & Singh J. (2007). Adolescents with conduct disorder can be mindful of their aggressive behavior. *Journal of Emotional and Behavioral Disorders, 15*(1), 56-63.

延伸閱讀

派翠西亞・柏德芮克著，黃麟淯、呂孟樺譯 (2016)：《老師，帶領我們靜心吧：化解青少年憤怒、憂鬱、焦慮不安，打造正念校園的「L2B 學習呼吸課程」》，台北，橡實文化。

唐・麥科恩、黛安・萊伯、馬克・米克茲著，温宗堃、洪佩英、釋常光、王慧姬、陳鏡之譯 (2016)：《正念減壓教學者手冊：給臨床工作者與教育家的實務指引》，台北，法鼓文化。

張世傑 (2016)：《全班都零分：以自我覺察喚醒孩子的學習力》，台北，寶瓶文化。

奧朗・傑・舒佛著，吳宜蓁譯 (2020)：《正念溝通：在衝突、委屈、情緒勒索場景下說出真心話》，台北，究竟出版社。

Hanson, K. (2017). *A Mindful Teaching Community : Possibilities for Teacher Professional Learning.* Maryland: Lexington Books.

校本實踐篇

學前機構的靜觀實踐
── 觀察與反省

古緯詩博士---

　　香港中文大學社會學系及教育學院客座助理教授，主要教研領域為教育社會學，從事學前教育及中學通識科教師培訓；擔任靜觀課程指導員多年，並於 2018 完成「靜觀認知療法 MBCT 教學基礎」一年課程，現為英國 Mindfulness in School Project 認證之「.b」、「Paws b」、「.b Foundation」課程指導員。

112

　　我是一位靜觀修習導師，這兩年開始在學前教育機構分享靜觀技巧。根據我的實踐經驗，我想在這裏分享一些值得進一步思考和反省的事情。

　　與靜觀相關的課程，近年開始逐漸受到香港不同教育機構的歡迎，它們紛紛推出了自己設計的課程，如在初等教育中常見的靜觀課程「Newlife 330」、賽馬會「樂天心澄」計劃推行的「.b」課程；以及其它辦學團體設計的課程，如東華三院「慈心抱抱熊」。在為學前兒童而設的靜觀為本的課程裏，比較常見的具體靜觀實踐像「青蛙坐定」及善心課程（Kindness Curriculum）等，多半都遵從「社會情緒學習」（Social Emotional Learning，簡稱 SEL）的框架，目的在於培養幼兒或學前年齡兒童的專注力，對自己身體感官及情緒的覺察，將覺察力有意識地帶到當下，更有智慧地回應情緒，以及與他人連結，建立「社會交往能力」。與此同時，伴隨着靜觀練習的概念，各種正向教育、

品格教育、社會情緒學習（SEL）也開始流行。雖然這些課程暫時獲得的效果算是相當正面，但總體而言，學前教育中的靜觀練習還處於一個相當初步的階段。

一般來說，學前教育的靜觀練習通常都比較有趣和簡單，試着邀請幼兒帶着好奇心和想像力，以「初心」來體驗不同的感官感覺，比方說想像自己是剛來到地球的外星人，去發現日常生活的特色。又如比較傳統的，以專注五種感觀，呼吸、伸展和步行等最基礎行為為對象的練習。此外，它們往往也包括各類安定情緒的方法，以及用故事的脈絡去讓幼兒嘗試建立及練習同理心。

雖然比起其他群組，針對幼兒靜觀學習的研究不算太多，但根據已有的研究，在完成相關課程後，幼兒在注意力的集中，延遲滿足（Delay Gratification）的能力上皆有所改善。同時，他們的社會交往能力亦有一定程度的進步，這將有助於他們在學校的生活，以及替未來進入社會做好準備。[1]

幼兒腦部發展迅速，在此階段接受靜觀訓練相當有效，因為他們還沒被捲入成人常見的那種紛亂內心的狀態，所以更加容易專注當下。事實上，我也有不少可以印證這一點的經驗。例如有一次，我目睹一位老師為一班低班小朋友講故事，說到故事中的主角因為一些事情暴怒。聽到這裏，就有幾位小朋友叫出來：「叫他呼吸啊！」「要呼吸啊！」同時他們還在座位中立刻示範如何呼吸，於是其他小朋友也馬上跟着做，把之前課程教過的回到呼吸的方法演練一番。他們大概才上了第五節靜觀課程而已。

這次經歷當然說明了小朋友在上了短短五節靜觀課程之後就已經

113

認知面對負面情緒的技巧，還知道在合適的處境中實際運用這些技巧。但最令我驚喜的，卻是小朋友某些毫不費力就能呈現的特質——友善和慈愛，他們修習時能夠毫不費力地就把自己連接到一種安定和自在的狀態。這種本然的呈現，才是我在幼稚園分享靜觀的最大感悟。在某一次的靜觀工作坊，曾有一位社工問道：「你講的靜觀，無非就是走路時走路，聽聲音時聽聲音，在日常生活中感恩。就這麼簡單的東西，為甚麼我們要特地付費來學習呢？」確實如此，這都是我們本來就具有的能力，只是在日常生活當中，尤其是成年人的世界裏面，特別容易被遺忘和埋沒。跟幼兒上靜觀課，他們卻都能輕易喚醒這種本來具有的能力，而且可以連結內心和他人，展現出對自己和他人的友善。所以靜觀課並非教導小朋友新的知識，只是提醒他們這些本來具有的特質很重要，要一次又一次地記起、練習，讓他們帶着這種能力成長，莫失莫忘。

靜觀有如腦部的健身，我們不一定會在一開始就喜歡這種訓練，但又要堅持每天修習才能得到成效。所以，若要在學校推行靜觀練習，在每天的時間表內劃出專門時段來修習，應該是較為理想的做法。更何況幼兒不像一般成年修習者那樣，具有主動練習靜觀的內在動機。

根據多年來的實踐和觀察，我發現在學前機構推廣靜觀教育，還有以下幾種特別值得反思的現象，以及可以推廣的經驗：

1. 靜觀老師與一般幼師在教學理念上的分別

如果在推行幼兒靜觀課前，老師能夠先參加八星期的成人靜觀課，如「.b 靜觀基礎課程」（.b Foundation）、「靜觀認知治療課程」（MBCT）、「靜觀減壓課程」（MBSR）等，效果通常會比較好。當然，

假如這些老師自己能夠恆常修習，那就更為理想。我曾為幼稚園、中小學、大學等師生主持靜觀工作坊，發現沒有經歷過這類專門課程訓練的分別，在幼稚園需要特別注意。倒不是說這些老師未經訓練就做得不好，恰恰相反，大部分未經靜觀訓練的老師在教學上本來就有愛心、有耐性、善良，且擅於疏導幼兒。但問題就在他們很容易把既有的工作模式套用在靜觀課堂，雖然看起來可能很順利，但卻容易走上偏差的方向。

例如，曾經有一位小學老師告訴我：「靜觀真是讓學生安靜下來的好方法！」她說當學生很吵的時候，就命令學生一起做「手指呼吸法」（這種練習法在香港有個地道的名稱，就叫做「五指山」），全班立即就能安靜下來。任何經過靜觀訓練的朋友，一定會對這種說法感到驚奇。我們必須了解，除了學前教育，在香港各教育環節的主流教學方式，都比較傾向管教並行，以管束為先導手段，以教學為中心。這也就是靜觀所說的解難模式（Fixing Mode），以及被驅使做事的模式（Driven-doing Mode）。學生吵鬧，就要先令他們快速安靜下來。上面所說的那位老師雖然用了「五指山」這種靜觀技巧，但她想要獲得的「收聲」，顯然不是靜觀所追求的內在安寧。也就是說，這種做法跟靜觀的精神大相逕庭——並非做靜觀練習就是靜觀。

再讓我們來看看一般幼師的教學模式：

「……教師應用清晰語句，開放式問題和淺白的指示幫助幼兒掌握學習內容。除此之外，可用眼神、微笑、點頭和其他身體語言給予幼兒讚賞、鼓勵和安慰……」《學前教育課程指引》（2017，頁37-38）。

我所接觸的幼師都很專業，平常教學也都能遵從指引，以溫柔正向的態度，清晰地引導小朋友。有一次，我在一個幼稚園的親子工作坊中，觀察一位幼師帶領一群家長跟小朋友做靜觀呼吸練習，其中一個高班的女孩好像有點不知所措，也有點情緒，沒有跟着練習。老師發現之後，並沒有在當時特別提點。練習過後，她特別稱讚了其他同學，然後說：「老師看到有些同學剛才沒有做練習，老師現在邀請大家一起再嘗試一次好嗎？各位同學我們一起鼓掌鼓勵大家好嗎？」接着以微笑和眼神邀請那位小女孩加入，終於成功使她一起做了次呼吸練習。練習完成之後，老師還特別點名稱讚這個小女孩。這是非常典型的「邀請—肯定」模式，老師採用的群體鼓勵，也是一般的教室策略。這位老師態度友善，又能在這次工作坊內確實使所有同學都參與練習，表面上看，這就是一個「成功」的靜觀工作坊。然而，這與真正的靜觀修習那種講求容讓、信任、不強求的態度就有點距離了。換句話說，雖然這位老師使全班同學都能參與一次靜觀呼吸練習，但這次練習並沒有達成靜觀該有的目標。表面上看只是細微的分別，但這卻是本質的分別。如果老師自己沒有修習過靜觀課程，就不容易把握箇中分別了。

另外，很多學校都會接收有特殊教育需要（SEN）的學童。以我的經驗，外來的靜觀老師在面對這些學童時，一定還需要額外的時間去跟學童建立關係。所以長遠來說，接受過靜觀培訓的老師，在學校與自己熟悉的學童分享靜觀，恐怕才是最好的安排。

2. 建立常規的好處

靜觀當然可以安排為一個獨立的課程，在學習過程中讓學生建立

修習的習慣。但最好的安排，其實是把靜觀變成校園生活每天的常規活動，這也是在學校推行靜觀實踐的優勢。例如在每天上課之前安排一段時間，帶領同學進行簡單的修習，比方說呼吸，又或者「靜觀聲音」。「靜觀聲音」的一般做法是會用某類敲擊樂器來提醒靜觀的開始和結束，這些敲擊樂器的泛音比較長，能夠成為覺察力安住的對象。這種「靜觀聲音」的練習還可以成為校園生活的習慣，比方說除了每天定時的修習外，每當課堂上或校園裏敲響了這些樂器，無論學童正在做甚麼，老師都邀請大家靜觀這些樂器發出的聲音，甚至還可以搭配呼吸的技巧，讓大家在聽到聲音的時候呼吸三次。

我們可以在幼稚園的環境設計當中引入靜觀元素，例如設置靜觀步行走廊，在一段走廊的地面貼上小腳板形狀，或者其他材質的地墊，邀請小朋友每次走過時，都慢下來去感覺腳底的觸感。又例如設置靜心角，如果有小朋友情緒出現劇烈波動，都可以邀請他進入靜心角做靜觀活動。我們甚至可以在這個角落或者空間裏面放置一些道具，其中一種常見的道具是「一爪魚」（是一種八爪魚模樣，但只有一條觸角的公仔），小朋友可以對着「一爪魚」的觸手慢慢呼氣，專注於呼氣的感覺，看那條觸手被吹動的狀態。還有另一種常見的道具，叫做「呼吸小夥伴」（Breathing Buddy），它是個質地柔軟，有點重量，可以抱着的小玩偶。小朋友能把它放在腹部上面，觀察它隨着自己的呼吸起伏，又或者直接感受這個小夥伴的質感。

這都是一些例子而已，重點還是平常的練習，儘量把這些活動設定為常規，這就可以減少在現有繁重的課堂中加入靜觀課程的壓力。

117

3. 在香港套用國外課程的困難

說起繁忙的學前課程，這確實是學前教育機構推行國外既有靜觀課程的一個挑戰。一般國外引進的現有學前靜觀課程，都有完整的課程結構，要求一定時長（如「OM-K」就要9堂課、「Kindness Curriculum」更需要24堂課），更適合在課程較寬鬆的地方推行。不過，在香港，即使校長有意推行，要在既有的課程內擠出時間，恐怕也是非常困難的一件事。

我跟不少校長討論過這個問題，大部分人都認為最理想的做法，是把靜觀元素融進現有課程，同時又能保有這些靜觀課程的結構。那就不至於像現在常見的情況，為了適應繁重的學前課程，只能零碎地學習靜觀。但這又會遇上另外一個問題，那就是很多幼稚園都採取校本課程，若要編寫兼容既有課程以及靜觀修習的課程，所要耗費的人力物力自不在話下，而且還需要具備靜觀知識及技巧的老師，殊不容易。

4. 家長參與的重要

《學前教育課程指引》開宗名義地說道：「幼兒的學習與成長主要受家庭、學校和社會三方面的影響。」（頁7）靜觀並非一般知識與技巧課程，更是一種能力和態度的培養，要了解並且友善對待自己和他人，這種修習乃是一個持續的過程。所以它不應該只是在學校中學習，家長如果也能掌握靜觀的精神，小朋友的學習和修習才能有效。

在一次親子工作坊完結後，一位媽媽帶着小朋友來找我，她說小朋友患有很嚴重的濕疹，關節痕癢滲水，她聽說靜觀能幫助小朋友控制不去搔癢。看着那位三年級的小朋友一身深色粗糙的皮膚和沒有笑

容的樣子，真的很心痛。我留意到媽媽跟我說話的語速很急促，語句之間也幾乎沒有停頓，於是我等她說了好一陣子，才有機會詢問小朋友靜觀身體狀態的感受。但在小朋友說完他修習的感覺後，他媽媽又搶了話頭，說她也知道小朋友有讀書壓力，但她覺得如果靜觀能令他不再搔癢，問題就解決了。那位小朋友除了跟我講那兩句話時看着我，其餘時間一直望向遠方，彷彿母親說的事情跟他無關。我也只能看着媽媽，聽她說話。最後，在肯定了媽媽對小朋友的關心後，我誠懇地邀請她跟小朋友一起修習，因為我們都知道這可能才是真正幫助小朋友的方法。

我建議在教導學生靜觀的同時，最好也能舉辦家長工作坊，甚至邀請幼兒在家中與家長一起做親子的修習。學校、學生，以及家長互相協作，才能營造一個靜觀友善的環境。

119

練習小貼士

我在上面提到一些常見的靜觀練習方法，為了方便對這些練習還不熟悉的讀者，且在這裏簡要介紹其中幾種：

1. 外星人靜觀（特別適合人數稍多的大班）：邀請小朋友想像自己是剛剛來到地球的外星人，帶着陌生而新鮮的心情，去利用自己的五感來感知地球。例如提醒他們，這是第一次來到地球調查，試着靜下來聆聽地球的聲音，仔細聽聽地球上有甚麼聲音，那些聲音的大小、高低，和遠近。又或者邀請小朋友嚐嚐地球的食物，例如葡萄，可以留意果皮和果肉的味道和質感，慢慢咀嚼過後才吞嚥下去，然後再感受

一下口腔的氣味。

2. 手指呼吸法，又稱「五指山」：邀請小朋友回到當下，可以先感覺腳踏着地面的感覺。然後舉起一隻手，讓手掌自然向上豎起，就像一座五指山一樣，同時伸出另一隻手的食指，準備去觸及那座五指山。接着一邊覺察當下的自然呼吸，一邊在吸氣時以另一隻手的食指，從那座五指山的姆指根部向上掃過，呼氣時則讓食指向下掃落姆指的另一側，接着以同樣的動作一一掃過食指、中指、無名指、小指，完成一個循環。然後我們還可以重覆多做幾次循環。整個過程要注意呼吸自然，食指隨着呼吸向上或向下掃動。小朋友可以睜開眼睛看着手指來做，也可以閉上眼睛。

3. 靜觀口令：除了在時間表劃出時間每天練習以外，不妨另外搭配一些靜觀的「口令」，這可以幫助幼兒養成習慣。例如邀請幼兒坐好的「腳踏地、坐如山」、「蹺腳仔、身坐直，口仔合上做靜觀」等。

註釋

1　Flook, L. etal. (2015). "Promoting Prosocial Behavior and Self-Regulatory Skills in Preschool Children Through a Mindfulness-Based Kindness Curriculum". *Developmental Psychology*, *51*(1), 44—51.

參考資料

一行禪師著，陳潔華譯 (2018)：《與孩子一起做的正念練習：灌溉生命的智慧種子》，台北，橡樹林。

艾琳‧史妮爾著，石世明、黃淑錦譯 (2014)：《像青蛙坐定 —— 給孩童的正念練習》，台北，張老師文化。

艾琳‧史妮爾著，陳素麗譯 (2018)：《平靜而專注 像青蛙坐定：你的心靈指南》，台北，張老師文化。

埃利諾‧格林伍德著，潘心慧譯 (2019)：《鬧情緒，怎麼辦？—— 兒童情緒管理小百科》，香港，新雅。

葛凌蘭著，廖建容譯 (2018)：《孩子的簡單正念：60 個靜心練習，陪孩子專注應對高壓世界》，台北，天下文化。

Armstrong, Thomas (2019). *Mindfulness in the Classroom: Strategies for Promoting Concentration.* ASCD.

認識心，訓練心，讓心得釋放

陳鑑忠先生---

香港註冊教育心理學家，同時亦為香港中文大學敬霆靜觀研究與培訓中心研究與培訓團隊成員、MYmind 課程專業培訓導師及小組導師（荷蘭阿姆斯特丹大學為專注力不足及過度活躍症與自閉症兒童設計的靜觀課程）；並已取得英國牛津大學靜觀中心的靜觀認知治療導師能力認證，亦已完成香港靜觀中心主辦的靜觀認知治療督導工作坊。基於對教育心理及靜觀的豐富經驗，陳先生曾主編或翻譯多個為家長、老師、主流學生、特殊需要兒童而設的靜觀課程，並參與本地不同大學學者的研究。

我們的心每天伴着我們過生活，直到人生的終結。這個心充滿想像力，能遊走過去與未來，讓我們回味美好的回憶、憧憬未來的事情、或是天馬行空幻想一通，為我們帶來樂趣。然而，同一個心，又會經常遊走不定、心猿意馬，讓我們沉溺過去不能自拔、焦慮未知不能自控，為我們帶來痛苦。

記得我那可敬的靜觀老師之教導：靜觀是讓我們去認識心，訓練心，讓心得釋放。透過靜觀練習了解心的特性、訓練它穩定下來。久而久之，我們就減少受這個心所浮現的情緒和念頭所影響，能更自在地與這顆澄明的心相處，漫步人生。

如果我們的下一代能從小接觸靜觀，藉持續的練習經驗以上的好處，這是多麼美好的事呢！然而，這聽起上來好像很抽象，難以掌握

似的，我們的學生真的可以學習靜觀嗎？

英國劍橋大學、牛津大學，以及倫敦大學學院的學者於2019年發表了一篇與十八歲以下兒童靜觀訓練有關的整合分析（Meta-analysis）研究報告（Dunning et al.），當中分析的33個相關研究涉及3666名兒童，所有研究均採用了嚴謹的研究方法，即隨機對照測試（Randomized Controlled Trial）。整合分析的結果顯示，與對照組相比，參與靜觀訓練的兒童之執行功能有顯著改善，負面行為、抑鬱、焦慮及壓力程度亦顯著下降。本地亦有不同的學者為兒童提供靜觀訓練，並進行研究（Lo et al., 2020; Zhang et al., 2017）。由此可見，兒童不單有能力學習靜觀，亦能從持續的靜觀練習中經歷改變。

事實上，世界各地均有靜觀導師設計適合學生的靜觀課程，部分課程由本地的靜觀導師及學者翻譯，並進行研究，例如：來自荷蘭的「Mindfulness Matters」課程、來自英國的「.b」及「Paws b」課程、來自美國的「Kindness Curriculum」、以及來自荷蘭為特殊需要學童而設的「MYmind」課程等。筆者亦曾於本地一個致力推廣靜觀的非政府組織任職，因應香港的學習環境、以及學生的文化背景，為小學生設計了一套靜觀體驗課程，並與種籽學校合作試行，期望能讓學生在這紛亂的世代接觸靜觀。

為了讓學生容易掌握，很多課程都會將內容簡化或形象化。如上所述，靜觀練習其中一個意向是認識心，了解念頭與情緒只是心的活動，具有變幻無常的特性。如何能讓小學生初步認識如此抽象的概念？或許可以透過「心靈樽」（Mindjar），將這個心的特性介紹給學生。

練習 小貼士

心靈樽的製作過程如下：

材料：

透明及有蓋的水樽、金粉（顏色不拘）、膠水 1-2 樽、清水。

方法：

1. 將清水注入水樽，預留足夠位置放入其他材料。
2. 將金粉放入水中。
3. 將膠水注入水中，蓋好水樽，輕輕搖動，讓膠水與清水混合。若希望金粉沉澱的速度較快，可注入較少膠水；若希望金粉慢慢沉澱，可注入較多膠水。

　　心靈樽代表我們的心，金粉就代表我們的念頭和情緒。搖動心靈樽時就好像我們心神散亂，或是情緒起伏不定的狀態。如果我們繼續反覆思量，就好像不停搖動心靈樽，思緒難以平復。但如果我們選擇靜止下來，讓注意力停留於當下此刻，念頭及情緒會好像金粉一樣慢慢沉澱，心也較容易穩定下來。當然，心靈樽內的金粉不消一會就全部沉澱下來，但我們的心有時需要更長時間才能平靜下來。只要我們願意讓注意力停留於當下此刻，就算心未能完全平復，也能稍稍穩定下來。如老師能就學生的理解能力選擇合適的用字，再配合心靈樽具體地講解，學生可以初步了解心的這個特性。

　　從心靈樽初步認識了心的特性後，更重要的是讓學生從靜觀練習

中驗證這個特性，同時訓練這個心猿意馬、遊走不定的心，可以稍稍安定下來。而心靈樽這個具體、有趣的象徵，可以配合不同的靜觀練習，提升學生的興趣。如果老師本身認識靜觀，有持續練習的習慣，並曾參加靜觀導師培訓的話，親身帶領靜觀練習能更具體體現靜觀的精神，讓學生更投入練習之中。如果老師未受過培訓，但已親身體驗過靜觀，可透過播放其他靜觀導師的錄音，與學生一起練習。

練習 小貼士

一般而言，適合小學生的靜觀練習包括：

1. 運用感官去觀察

就算在熟悉的地方，只要我們願意去留心，也可能有新發現。筆者曾經到過一所本地小學去觀察他們在課室練習靜心察看。練習後，其中一名同學說：「原來黑板下方有一個插座，我到現在才發覺！」在日常生活中，老師可以在進食時邀請學生用盡五官去靜心進食，感受食物的色、香、味、口感、溫度、咀嚼時的聲音等，也可以鼓勵學生在上落樓梯時感受腳踏着地面與離開地面的感覺。

此外，術科老師也可以將這份覺察融入教學中，例如：音樂老師可以讓學生留意樂器的餘音，邀請學生仔細觀察聲音的出現、變化與消失；視藝老師在學生素描物件前，也可以融入靜心觀察的練習，讓學生以感官先與物件連繫，才進行創作。

2. 在動態中觀察身體

香港的課室面積較細，只能容許學生進行動作幅度較小的靜觀伸展，但這也無礙學生觀察身體。就算只是坐在椅上，向上伸展雙手、向前伸展雙腳、活動雙肩、活動頸部的過程，只要不時提醒學生留意身體當下的感覺，除了能讓學生舒展筋骨、關心身體之外，也能提升學生對身體感覺的覺察。而在體育課中，老師亦可以讓學生進行動作幅度較大的靜觀伸展，覺察身體的感覺。

3. 培養專注與安定：

靜觀練習的其中一個意向，是幫助我們培養一顆專注、平穩與安定的心。引導小學生練習時，先讓他們安頓好身體，然後讓注意力集中在特定的觀察對象，就好像靜觀呼吸練習中，我們把注意力集中在呼吸時感覺最明顯的位置，如：腹部、心口或鼻孔；慈心祝福練習中集中在祥和、友善的心境中；靜心步行練習集中在步行時雙腳的感覺等等。前兩者只需讓學生安坐座位中便可練習，適合香港的教學環境。而如果希望以靜心步行作為正規的靜觀練習，或需要到禮堂或操場進行方能有充足的空間。

由於這些練習不需很多空間，也不需要預備物資，有些學校會安排於早會時全校一起進行。老師亦可以將這些練習融入在日常生活中，例如在功課時段前或體育課後，進行這些靜觀呼吸練習，收拾好散渙的心，安定心神。

126

練習 小貼士

不論與學生進行哪一個靜觀練習，老師都可以先搖動心靈樽，然後才開始練習。以下是配合心靈樽練習靜觀呼吸的建議流程：

1. 在開始練習時，搖動心靈樽，察看心靈樽的閃粉隨處飄動。

2. 如學生能力許可，可以先覺察此刻內心的狀態，看看是散亂的，還是平靜的？

3. 調整坐姿，好像國王或女王般坐着，讓身體保持莊嚴的姿勢，一隻手放在心口，另一隻放在腹部。合上雙眼，或將視線停留在一個位置。

4. 仔細聆聽鐘聲，代表練習的開始。

5. 將注意力停留在呼吸時心口及腹部的感覺。

6. 不用改變呼吸，只需要自然地吸氣、呼氣。

7. 帶着好奇心觀察每個呼吸。

8. 如留意到分心，這不是做錯了或是失敗，不用怪責自己。只需要慢慢將注意力帶回呼吸，再次感受呼吸時心口及腹部的變化。

9. 仔細聆聽鐘聲，代表練習的結束。

10. 張開眼睛，察看心靈樽的閃粉沉澱在底部。

11. 再次覺察此刻內心的狀態，是散亂的，還是平靜的？

如每次與學生練習靜觀前都搖動心靈樽，心靈樽就成了練習的象徵，每當學生在學校或家中見到心靈樽，都會想起靜觀練習。老師亦

可考慮與學生一起以一個較大的容器製作全班的心靈樽，過程中邀請每個同學逐一在心靈樽內放入少許閃粉，以增加歸屬感。在每次全班的靜觀練習前請學生先搖動心靈樽，然後才一起練習。個人的心靈樽則可留在家中，方便學生在家中練習時使用。

除此之外，就如上述靜觀呼吸的流程，在進行任何靜觀練習之前，均可先邀請學生察看一會飄動的閃粉，並覺察內心的狀態。練習後，又可鼓勵學生察看一會沉澱了的閃粉，然後再覺察內心的狀態。此舉能提醒學生靜觀旨在培養覺察，同時能培養學生對身心狀態的好奇心。可是，老師要注意，練習後心靈樽內的金粉一定會沉澱下來，但我們和學生的內心不一定會在練習後完全平復。請時刻提醒自己，我們期望藉着靜觀練習去培養學生一份不加批判的覺察，而非勉強學生冷靜。

認識心，訓練心，讓心得釋放——這或許是我們一生的功課。盼望本地喜歡靜觀的教學同工能一起努力，讓我們的孩子從小就能接觸靜觀，經驗靜觀帶來的改變。

128

參考資料

Dunning, D. L., Griffiths, K., Kuyken, W., Crane, C., Foulkes, L., Parker, J., Dalgleish, T. (2018). Research review: The effects of mindfulness-based interventions on cognition and mental health in children and adolescents—A meta-analysis of randomized controlled trials. *Journal of Child Psychology and Psychiatry*, *60*(3), 1–15. https://doi.org/10.1111/jcpp.12980

Lo, H. H., Wong, S. W., Wong, J. Y., Yeung, J. W., Snel, E., & Wong, S. Y. (2020). The effects of family-based mindfulness intervention on ADHD symptomology in young children and their parents: A randomized control trial. *Journal of Attention Disorders*, *24*(5), 667–680. https://doi.org/10.1177/1087054717743330

Zhang, D., Chan, S. K. C., Lo, H. H. M., Chan, C. Y. H., Chan, J. C. Y., Ting, K. T., ... & Wong, S. Y. S. (2017). Mindfulness-based intervention for Chinese children with ADHD and their parents: a pilot mixed-method study. *Mindfulness*, *8*(4), 859-872.

129

延伸閱讀

香港中文大學敬霆靜觀研究與培訓中心於 2022 年製作了一系列的靜觀伸展動畫，引導兒童以不同的式子練習靜觀伸展。可登入中心網頁了解更多：www.cuhkcmrt.cuhk.edu.hk

香港中文大學敬霆靜觀研究與培訓中心於 2022 年出版三本與靜觀有關的兒童繪本——包括：《呼吸》、《身體旅行團》、《影子特攻隊》，以提升兒童對靜觀的興趣。可登入中心網頁了解更多：www.cuhkcmrt.cuhk.edu.hk

Healthy Minds Innovations (2017). A Mindfulness-based Kindness Curriculum for Preschoolers. Retrieved from: https://centerhealthyminds.org

Hawn Foundation (2011). MindUP Curriculum. Scholastic Inc. https://mindup.org/mindup-program/

小孩子內心的探索與連繫

張曉藍主任

教育學士、應用心理學碩士、正向教育心理學碩士。於柴灣角天主教小學統籌學校校風及宗教培育工作。2011 年開始研習不同之靈修傳統，探索宗教靈性教育。近年開始研習靜觀課程，並開始於校內推動靜觀及正向教育，營造身心靈整全的健康校園生活。

導言

在生活忙碌的香港社會中，家長及教師們在生活及工作中拼搏，而我們的小孩子同時也在學習生涯中奮力向上。生活節奏愈來愈快，靈性生命的成長則愈來愈慢，甚至變得更為脆弱。每次得悉學童自殘及輕生的消息，內心的惋惜難以言喻。身為教育工作者，當然希望透過不同的政策及活動來提升學童的身心靈健康，然而我們的小孩子內心真正渴望的又是甚麼？他們需要的是一個心靈空間，一個能容讓他們探索與連繫內心的空間。教師、家長，以至學童們需要的並不單只是紙筆上的理論與學習，而是一套能善待身心靈的實踐方法。

近年，有些西方國家已把靜觀列入學校的課程規劃當中。以英國為例，他們為小孩子設計「Mindfulness in Schools Project」的靜觀課程。當中為兒童而設的「Paws b」意思為「Pause & Breath」；而「.b」則為青少年而設，意思為「Stop & Breath」。讓小孩子學習靜觀的目的，是讓他們認識多一種滋養心靈的小工具。透過靜觀練習，為自己提供一個私人空間，讓生活更自在、更從容及更滿足。在成長的旅程中，我們不是裝備小孩子坐上一輛「衝鋒車」，而是渴望他們坐上一輛「觀

光車」，在成長路上能適時地停一停，欣賞周圍人與事的美，更能欣賞個人獨特之處，不讓情緒牽着自己的鼻子走，活出更豐盛的人生。

探索內在空間

當代靜觀創始人卡巴金將靜觀定義為「有意識且不加評判地，保持當下留心的覺察」。要讓小孩子保持當下的覺察力，我們需要為他們營造一個更大的心靈空間，讓他們保持好奇心探索個人內在空間，提升對自己的覺察能力。可惜今天的教育體系，普遍強調的是思維型的增長，我們着重小孩子學懂了甚麼，渴望他們贏在起跑線上，但往往缺乏了培養覺察的技能與態度。靜觀正正在這大環境下，為心靈提供可探索內在的空間，容讓對自己內在的一份開放，更深體會當下自己身心的狀態，提升覺察的能力，包括身體覺察、感知覺察及情感覺察。根據多項科學研究證明，持之以恆的靜觀練習，有助改善心理素質，減少焦慮及衝動的行為。

身體覺察

靜觀開啟了人們的五感，在日常生活中有意識地感受視覺、聽覺、嗅覺、味覺及觸覺帶給我們的身體反應及感覺。回想我們享受一個熱騰騰的麵包，或許我們能不消數分鐘便嚥下。對於食物的細緻外觀、送上來時的香氣、拿起來的質感，以至細嚼下的味道，我們會否帶着有意識的覺察呢？人與生俱來就有對外間的自然反應及覺察能力，但隨着環境的改變，這份基本能力漸漸下降。成年人如是，更何況是我們的下一代。

小孩子的覺察能力有時也受我們影響，我們急不及待為他們預備

穩妥的一切。天氣寒冷時，為他們穿厚厚的外套，叮囑他們不可以脫下來。天真可愛的小孩子坐在課室內滿頭大汗，還堅持父母親的說話，未有聆聽身體發出的訊息。在生活中陪伴小孩子的我們，也可與他們一起覺察周圍的人與事。我們可放下電子產品，與小孩子欣賞周圍的景色、品嚐食物的味道等。小孩子也有其身體的需要，容讓他們有一定的空間表達出來，分享外在環境的美及其滋養自己的地方。否則，生活便會變得公式化，「被通知」食物的味道、「被通知」溫度的變化、「被通知」身體的感覺⋯⋯

感知覺察

在日常生活中，很多時會不知不覺地引發固有的思維習性，這也是「自動導航」中常見的自然反應，例如滑手機時，會否意識到自己在看甚麼；又例如小孩子被別人改「花名」，馬上憤怒地還擊對方。在「自動導航」的模式下，我們不知不覺的讓固有的思維模式、內心想法及情緒反應來帶動自己作出決定。加強自我覺察的能力，留意自己固有的「自動導航」模式，定能減少其對個人的負面影響。

小孩子成長的過程中有着自己的想法，容讓他們有着初心的覺察，不存在先入為主的觀點，以開放的態度體會他們的想法和感受。小孩子在成長路上，必定會遇上失意的時候，或許內心會浮起一些想法，如「我沒有用」、「我真是失敗」、「這會激怒父母」等。這刻不要被自動化的思想和情緒帶走，而是需要退後一步來留意個人內在的運作。作為小孩子的成長同行者，我們可帶領他們退後一點，像看電影一般讓他們冷靜下來細看整個過程，不要被負面的思想和情緒來反照客觀的事情。在持之以恆的靜觀練習中，漸漸便會對自己內在的感知

覺察更敏銳，擁有一顆慈悲心包容與接納自己，更富彈性的作出更有智慧的生活抉擇。

情感覺察

除了身體及思想的覺察，靜觀更讓我們多加留意內心情緒的覺察，學會成為情緒的主人翁。突如其來的外在環境激發了小孩子的內心情緒，引發身體「戰鬥」、「逃跑」、「僵持」等本能反應。這個預設的警號幫助我們辨識危險，讓身體作出更好的反應。但對於情緒過於敏銳的小孩子，他們便會過於恐懼和擔憂，往往被情緒捆綁，在行為判斷上偏離了理性的導引。有時作為小孩子的陪伴者，也摸不清他們的情緒反應，某一句的說話，或許引發了他們的戰鬥模式，如尖叫及動手，或是坐立不安地設法想溜走，又或是動彈不得未能適時回應。面對這些行動表徵，或許會引發照顧者的情緒，不要對這狀態下的孩子施加壓力，更不要控制他們，像「堅強些，不要哭！」、「男孩子要勇敢些！」加強對情感的覺察是舒緩負面情感的良方，幫助孩子識別情緒並聆聽他們內心的聲音。

小孩子對「心情詞彙」的認識有限，教育工作者及家長在日常生活中多用這些詞彙，有意識地解釋它們的意思，幫助小孩子更細緻地表達事件引發的內在情緒。幫助孩子們實際的運用「心情詞彙」是提升情感覺察的關鍵，否則他們會慣用「開心」、「唔開心」等流於表面的詞彙。可讓小孩子認識更細緻的「心情詞彙」，例如形容喜悅的詞彙可包括開心、興奮、滿足、感恩等，形容傷感的詞彙包括傷心、孤單、失望、難過等。「心情詞彙」沒有好與壞的分別，要不加批判地接納事件引發的情緒，讓他們覺察內心的時候，辨識情緒帶給自己的

強烈度，避免給情緒牽動連帶的行動。孩子認識「心情詞彙」愈多，定有助他們調節心情，對自己及他人更為友善。

身心靈的連繫

在制定學校政策時，我們也關注學童身心靈的健康。要顧及小孩子身心靈的需要，並非單一的講座及工作坊就能滿足。而在繁重的教育政策下，要額外推行新政策，也會令教師百上加斤。既然靜觀着重每天持之以恆的練習，何不將其融合學校日常生活當中，以全校推行的模式，讓師生們一起體驗及感受靜觀帶來的益處。

靜觀呼吸

「一呼一吸」每天在身上不停運作，但有意識的呼吸，就要邀請小孩子一起學習與體會，切勿只着他們純然安靜呼吸。我們可邀請小孩子安頓下來，將雙腳平放在地上，腰部保持挺直。如果覺得合宜的時候，可閉上眼睛，或可「一手心口，一手肚腩」，讓他們更細緻體會呼吸時身體的變化。或許開始的時候，他們會感到有點不習慣，帶領者可按小孩子的進程，適時調節指導語句及節奏，聆聽他們的實際需要及回饋。

每天早會的時候，學校大多會聚集小孩子在一起，有的會在操場上，有的會在課室中。但無論身處哪一個地方，學生是站着或是坐着，帶領者也可以用聲音導引他們進行靜觀練習。在旁陪伴的教師也同步參與，一方面可讓小孩子觀察教師的姿勢，另一方面也讓教師適時地鬆一鬆，得到身心靈的滋養。緊記這是持之以恆的練習，所以應無間斷地進行，切勿因其他活動安排而打亂。

靜觀進食

香港的中小學校也是實行全日制課程，靜觀的元素也可巧妙地加入學校的時間表內。在時間表中標示靜觀練習的時段，讓師生們有所準備，安頓下來開始練習。午膳時，可安排開頭的數分鐘時間進行靜觀進食環節。我們可邀請小孩子在開始進餐時，用眼睛留意食物的形狀、顏色及光澤等元素。繼而用鼻子嗅一嗅食物的味道，覺察內心浮起的想法和感覺。最後用嘴巴慢慢地品嚐食物，請他們不要一口嚥下食物，可覺察食物在嘴巴內的感覺及其帶出來的味道。當準備嚥下食物時，又可覺察食物在身體內的流動，懷着好奇心探索食物會進入身體哪一個部分。靜觀進食的環節完結後，再邀請他們懷着感恩的心進食，直至用畢午膳。

靜觀步行

為了更有效營造靜觀的氣氛，校園環境的創設實不可缺。在校園的戶外地方可增設供靜觀步行的地方。小孩子在課室以外空曠的位置，可多運用五感來覺察外在的環境與自身的連繫。靜觀步行時，容讓自己重新覺察健康的雙腿踏在地面時的感覺。留意自己是腳尖先着地還是腳跟先着地，也可留意腳的不同部位着地時的感覺，及步行時帶動全身的感覺。此外，為了豐富他們步行時的觸感，供小孩子靜觀步行的地面可考慮鋪設不同物料，增加多種不同的觸感。

結語 —— 活出更豐盛的生命

身為前線教育工作者，每天一大早起來趕回工作崗位中，看到案頭排山倒海的工作，關注小孩子學業及行為，當疲累的時候仍硬着頭

皮解決問題。同樣地，我們的小孩子忙着趕上學習的進程，參與各式各樣的興趣班，應付一場接一場的公開考試。在人生路上，我們各自踏上不同的旅程，每人也有着其獨特性，背着個人的見解和性格特質。在生活中，我們或許會走得很前，很想表達個人所想，更想別人聆聽自己。在感到繃緊的時候，緊記「停一停，深呼吸」，容讓自己走進個人的「心靈空間」，聆聽身體發出的訊息及內在的聲音，讓身心靈再一次重新連繫起來。有時愈是抑壓自己，負面的情緒便會像雪球般愈滾愈大，最終讓自己動彈不得。願彼此也能在生活中善待自己，找到合適的「心靈空間」，懷着慈悲的心祝福自己及他人，容讓自己享受一份內在真實的自由，活出更豐盛的人生。

137

更多柴灣角天主教小學
推行靜觀課程的情況

參考資料

Hue, M. T., & Lau, N. S. (2015). Promoting well-being and preventing burnout in teacher education: a pilot study of a mindfulness-based programme for pre-service teachers in Hong Kong. *Teacher Development, 19*(3), 381–401.

Kang, Y., Gruber, J., & Gray, J. R. (2012). Mindfulness and De-Automatization. *Emotion Review, 5*(2), 192–201.

Lam, C. C., Lau, N. S., Lo, H. H., & Woo, D. M. S. (2014). Developing Mindfulness Programs for Adolescents: Lessons Learned From an Attempt in Hong Kong. *Social Work in Mental Health, 13*(4), 365–389.

Lau, N. S. (2009) Chapter 37 Cultivation of Mindfulness: Promoting Holistic Learning and Well-Being in Education. In M. de Souza, L. Francis, J. Norman and D. Scott (eds.) *The International Handbook of Education for Spirituality, Care and Wellbeing.* Dordrecht; London: Springer, 715-737.

Pang, D., & Ruch, W. (2019). The Mutual Support Model of Mindfulness and Character Strengths. *Mindfulness, 10*(8), 1545–1559.

Supplemental Material for Enhancing Cognitive and Social–Emotional Development Through a Simple-to-Administer Mindfulness-Based School Program for Elementary School Children: A Randomized Controlled Trial. (2015). *Developmental Psychology.* https://doi.org/10.1037/a0038454.supp

延伸閱讀

一行禪師及梅村社群著，陳潔華譯 (2018)：《一行禪師與孩子一起做的正念練習：灌溉生命的智慧種子》，台北，橡樹林。

葛凌蘭著，廖建容譯 (2018)：《孩子的簡單正念：60 個靜心練習，陪孩子專注應對高壓世界》，台北，天下文化。

楊舒雯 (2020)：《靜心練習：3-12 歲，45 個遊戲陪伴孩子快樂做自己》，台北，大大創意。

Bögels, S. (2020). *Mindful Parenting: Finding Space To Be – In a World of To Do.* West Sussex: Pavilion Publishing and Media Ltd.

Niemiec, R. M. (2013). *Mindfulness and Character Strengths: A Practical Guide to Flourishing.* Boston, MA: Hogrefe Publishing.

Reddy, A. (2014). *The Art of Mindfulness for Children: Mindfulness exercises that will raise happier, confident, compassionate, and calmer children.* South California: CreateSpace Independent Publishing Platform.

「靜」待花開

方子蘅校長

　　香海正覺蓮社佛教陳式宏學校校長，早年取得語文教學教育及學校輔導與諮商雙學士，及後更完成中國語文教育文學碩士。方校長曾於國際研討會中進行教學示範，更於國際論壇、香港教育局、香港大專院校等作分享，並於教育文集中撰寫文章。方校長有感生命教育及心靈教育乃教育之本和生命歷程的核心，所以她於「式宏家」積極推動生命教育、感恩和靜觀文化，更帶領學校以「心之校園」連續兩年勇奪「全港傑出品德教育優秀獎」。

吳穎詩主任

　　香海正覺蓮社佛教陳式宏學校學生成長部統籌，同時擔任助理社會工作主任，積極推動學校的靜觀文化和生命教育。吳姑娘曾修讀「.b」基礎靜觀課和「Teach Paws b」課程，取得教授靜觀課程的國際專業認證，具帶領靜觀和推動靜觀文化的豐富經驗。吳姑娘亦曾在全國論壇進行分享，更多次受邀作靜觀文化分享，並與業界進行交流。

潤物細無聲

　　靜觀文化在香海正覺蓮社佛教陳式宏學校（下稱「式宏家」）開花結果是經過歲月的潛移默化，有策略地循序漸進推展，並非一蹴而就的。猶記得當年我們以親子活動形式將靜觀首次引入「式宏家」的情景，時至今天，我們的靜觀文化發展已涵蓋五大範疇，包括教師培訓、學生課程、家長教育、社區推廣和環境創設。靜觀推展小組的組成和參與本港大專院校推動的靜觀計劃，更是我們推動靜觀文化背後的堅實後盾。

靜觀文化的推動從來不只是知識的傳播，更是一種價值氛圍的營造和正念的栽培與傳揚，亦是全校性化民成俗的過程。在靜觀的推動上，教師除了要具備靜觀知識外，也需要以「身教」體現價值觀，成為學生和家長的楷模，影響他們。這過程並非「經師」能夠成就，必須心懷「人師」的使命和心力方可實踐。

培育價值素養

學校的責任是培育未來社會所需要的棟樑，但面對科技日新月異的世界，學校的教育應該涵括甚麼知識和技能，才能確保學生未來能夠屹立在社會上？人類的知識和技能無法與人工智能相比，唯有態度和價值觀素養是人工智能所無法取代的。

141

透過腦神經科學實證研究證明：靜觀能夠改變大腦的功能與結構，同時亦是培育學生態度和價值觀素養的良方，所以「式宏家」致力推動靜觀文化，以持續提升學生的覺察力，並以正念面對生活中出現的困難和挑戰，讓正確的價值觀素養在他們成長階段扎根，這也是心靈的生涯規劃，使他們在生命旅程中得到祝福。

栽種幸福種子

中國著名教育家陶行知先生提及：「教育就是培養良好習慣。」「式宏家」視靜觀為一顆內化的幸福種子，我們在學生心田栽種靜觀文化，讓修習靜觀成為一個生活中恆常的習慣，使他們在日積月累的薰陶中，奠下生涯規劃和價值觀素養的基礎。我們更曾因此而應邀參與國際性評估研究，為兒童成長和靜觀研究提供具參考價值的數據。

「式宏家」確信萬世師表孔子所倡導：「少成若天性，習慣如自然。」所以我們在規劃時間表上，安排「靜觀修習」的時段，更特別配設「心房」、心靈步行徑和多感官生態靜觀花圃，使靜觀文化融入在我們的校園環境當中，營造一種氛圍，並使之成為習慣。

我們的校本靜觀推展小組不但引入由英國 Mindfulness in Schools Project 研發的「Paws b」國際靜觀課程，小組成員更重整及編排具連貫性和延伸性的校內靜觀體驗課程，使靜觀的理論和體驗能靈活地融入多元的體驗式學習經歷中。此外，我們也特別着重開拓更多修習空間，因而把靜觀文化推展至課後、校外。全校性的靜觀推廣活動不但擴闊至課時外和放學後的延展學習時段，更推廣至學生的家庭，推動親子將靜觀融入日常生活中，實踐中國著名文化學者——南懷瑾先生所指的「要在修行中生活，在生活中修行」。

建基文化，承載靜觀

靜觀體驗和修習是獨一無二的個人化歷程，正如創建法國「梅村禪修中心」的一行禪師所言：「沒有邁向靜觀的道路，靜觀本身便是道路。」（There is no way to mindfulness, mindfulness is the way.）提升當下的覺察，以具覺知的自主意識取代「自動導航」的行為模式，讓自己有能力為生命導航。此外，我們更要接納差異和多元，理解推廣靜觀文化並無一條統一的路徑，所以我們也可先檢視自己校本特色和分析自身的強弱機危，以探索適合自己校情推行的靜觀路徑。

凡事均有一個起始點，靜觀文化能在「式宏家」建立的關鍵在於特意對靜觀文化作鋪墊和營造氣氛，以裝備教師成為整裝待發的靜觀

文化推動者。再者,我們以點、線、面的滲透方式,令感恩文化、「家」文化、「我能行」精神等和靜觀文化有機地結合,相輔相成,同行共建校園文化,使靜觀文化終能在「心之校園」落地生根,茁壯成長。

你中有我,我中有你

我們拋磚引玉以「式宏家」為實踐案例,讓大家參考我們一路走來的經歷和點滴,期望有助大家能邁出更堅實的步伐以推動靜觀文化。

在靜觀文化引入校園的首個階段,我們先以全校性的推展方式令各持份者(學生、家長和教師)淺嘗靜觀。我們不但安排理論和實踐並重的教師工作坊,讓全體教師具體地了解靜觀,並一同體驗靜觀是助人自助的生命禮物。我們邀請親子和教師一同參與富趣味性的親子靜觀體驗活動,同時亦致力在「家長大學」推動靜觀文化,帶領作為持份者的家長體驗靜觀對身心靈的裨益,積累大家對靜觀正面的感覺和迴響。

緊隨其後,我們利用「三層架構推行模式」(預防性、教育性和治療性)對靜觀文化的推展進行系統化的規劃,在五個範疇,包括教師培訓、學生課程、家長教育、社區推廣和環境創設,滲透靜觀文化,而「心房」的落成更是一大里程碑,有助促進靜觀文化循序漸進地在各個範疇中推展。

此外,我們更引入權威性的外間支援,藉此以外促內,充實和鞏固靜觀文化的基礎。同時,我們亦經常應邀接受傳媒訪問,分享校本

靜觀文化、參與國際性評估研究，或開放校園與業界進行交流，我們既着重「從做中學」（Learning by Doing）推展靜觀文化的實踐例證，亦致力推動各持份者的自身體驗。

文化的滲透和落戶並非只靠文字和指引，更重要的是豐富持份者真實的經驗和感受，令持份者在不知不覺間潛移默化，才能為靜觀文化奠下鞏固的基礎。時至今天，靜觀文化的推展在「式宏家」不只是領航者、靜觀推展小組或學生成長部的使命，更是自然而然地在全校所有部門和各學科，形成一個「你中有我，我中有你」的共同信念，成為「式宏家」共構的文化土壤。

校內的靜觀先行者

「靜觀減壓課程」始創者卡巴金老師提倡：「修習靜觀是為了培養自我了解、智慧和慈愛。」可見靜觀是一帖助人自助的良方，而修習靜觀是從覺察和重新連結自己着手，在生活中多一點自我覺察、關懷和慈悲，讓靜觀成為祝福自己生命的一份心靈禮物。這樣的我們才有更多的能量將正念傳遞給他人、陶染學界，甚至影響社區。

對於推動靜觀文化而言，先行者自身對靜觀的理解、態度和投入的重要性不亞於擁有豐富的靜觀知識和技巧，因為分享靜觀除了靠言傳身教外，更重要的是引領受眾親身體驗。「式宏家」校內的靜觀文化推動並非只為教授學生靜觀的知識和技巧，而是締造一個師生、同儕和家校間同情共感的過程，內含無盡的分享、探索、修習、覺察和成長的體驗式學習經歷。

靜觀文化猶如蒲公英的種子

不少「式宏家」的學生和家長猶如蒲公英種子，不但將靜觀文化帶到家庭和日常生活中，甚至帶至其就讀的中學或所住的社區之中，在新的地方繼續孕育靜觀文化，以生命影響生命。

我們的教師團隊經常會收集到不同家庭的靜觀小故事，有家長表示，在疫情期間兩名兒子在家中爭吵不斷，令自己煩躁不堪，甚至想動手進行體罰，幸好學校的靜觀聲音導航能令她平靜下來；有學生分享父母發生爭執時，自己曾提醒他們「深呼吸，停一停」，讓他們成功在爭吵中冷靜下來，避免了更嚴重的家庭糾紛；有媽媽在校內的「家長大學」坦誠地分享自己過往性格急躁，常因生活瑣事頂撞長輩，導致婆媳關係欠佳，自從在學校接觸靜觀後，自己能夠覺察情緒的變化，並在心中存正念，大大減少了生活中和家人的摩擦，婆媳關係亦更勝從前。此外，有畢業生回來探望教師時分享，自己升上中學後，在遇到不開心的事情、運動比賽開始前，或鋼琴表演前夕等，也是以「觀呼吸」的方法平靜自己的心情，她更將靜觀推介給中學的社工和班主任，希望他們能夠有多些平靜的時刻……

推動靜觀文化多年，我們發現受益的不只個人和家庭，靜觀除了有助提升大腦功能、增加專注力和覺察力、促進正念思維和正面情緒外，師生關係亦受惠於情緒智能和抗逆力的提升。不論是在國際學童研究的數據上，還是校園內的日常觀察，我們深覺學生比從前更具覺察力，更容易感受到教師的關愛，修習靜觀令師生關係更上一層樓，對教學和班級經營同樣有着重要的作用。

145

上述分享的各個人生故事和校園片段除了帶給我們教師團隊無限的鼓舞外，更令我們以推廣靜觀文化為己任的想法更為堅定。我們會繼續恆常而有系統地修習靜觀，並推動學生在日常的行住坐臥中練習靜觀，在生命旅途上靜待花開。

靜觀推展階段圖表

階段	範疇	項目
萌芽期	家長教育 教師培訓	引入「親子體驗活動」 初嘗「教師體驗工作坊」
成長期	文化薰陶 環境創設 家長教育 教師培訓	在時間表增設「靜觀修習」時段 設計「心靈步行徑」 「家長大學」引入身心靈課程 推動教師參與校外多元靜觀課程
突破點	環境創設 社區推廣	靜觀室「心房」開幕 開放校園與業界進行交流
蜜月期	文化薰陶 學生課程 社區推廣	成立校本靜觀推展小組 參與 Mindfulness in Schools Project 應邀接受多個傳媒訪問
精進期	學生課程 家長教育 教師培訓 社區推廣	設計全校性靜觀推廣活動 設計親子「式宏」正念之旅 將靜觀文化融入教師恆常會議 參與「國際性評估研究」

練習小貼士

兒童和成人無論能力和特性也大相逕庭，我們要根據學生不同年齡段的需要和發展，設計適合他們成長階段的校本靜觀課程和靜觀體驗式學習經歷。以下是我們設計的全校性跨學科靜觀推展活動舉隅：

正念工程

靜觀推展小組和數學科攜手合作，將數理概念和靜觀文化融合，製成別出心裁的「正念工程」（Mindful Holiday Homework），以推動學生在長假期帶領家長一同將靜觀融入生活中，鼓勵他們能夠在生活的行住坐臥中多修習靜觀，從而讓靜觀成為他們一個恆常的習慣。

正念工程

「式宏」正念之旅

「式宏家」與時並進，運用嶄新的資訊科技平台作學習的媒介和工具，以推廣靜觀文化和宣揚正念。我們更與中文科攜手，加強深化學生對中華文化的認識，以培育學生的價值觀素養。

在中國傳統節日——農曆新年期間，教師、學生和家長以多元的形式（如：文字、圖畫、照片或影片），在網絡平台上為彼此送上正念和祝福，將正念和感恩文化傳遍家庭和社區。

「式宏」正念之旅

春回大地正念放送平台

「Push Bubble」專注體驗大挑戰

　　靜觀推展小組引入多元化的靜觀工具，推動學生嘗試以多元、活潑和有趣的方法修習靜觀，細味靜觀的樂趣。在校內進行課室挑戰賽，由老師引領學生體驗專注當下的感覺，並感受靜觀對提升覺察的幫助；在家中，則由子女成為「靜觀小達人」，帶領家長進行靜觀的體驗。

專注小達人宣傳影片

參考資料

林瑞芳 (2021):《靜觀自得——生命的祝福》,香港,皇冠出版社。

香港心理學會臨床心理學組 (2017):《靜觀——觀心・知心・療心》,香港,知出版社。

Chan, P. (2020):《心志訓練:以靜觀學習掌控腦袋的實證訓練法》,香港,峰鳥出版社。

Williams, J. M. G., & Penman, D. (2011). *Mindfulness : A Practical Guide to Finding Peace in a Frantic World*. London: Piatkus.

延伸閱讀

一行禪師著,張仕娟譯 (2016):《一行禪師談正念工作的奇蹟》,台北,橡樹林。

艾琳・史妮爾著,陳素麗譯 (2018):《平靜而專注 像青蛙坐定:你的心靈指南》,台北,張老師文化。

吳錫昌 (2020):《不累的生活:正念紓壓,讓照顧更得心應手》,新北,四塊玉文創。

陳瑞燕 (2009):《提升兒童大腦功能四部曲》,香港,中華書局。

楊定一、楊元寧 (2014):《靜坐的科學、醫學與心靈之旅》,香港,青馬文化。

靜觀融入中學正向教育成長課 —— 不因為甚麼，只因為 學生的成長需要

陳文頌助理校長

理學士、教育文憑、哲學碩士。現為風采中學助理校長，從事教育工作二十多年，涉獵不同學校行政範疇，尤專注於德育及公民教育工作。曾與教育大學及多間社福教育組織研究德育及正向教育課程。2019 榮獲香港教育大學舉辦的第一屆「點滴成河——傑出生命教育教案設計」傑出教案獎，2021 獲得教育局主辦的第三屆「樂繫校園」中學組「傑出大獎」。

吳偉茵老師

文學士、教育文憑、輔導碩士、通識教育碩士。現為風采中學老師，多年來於教育界擔任輔導工作，也致力於德育及公民教育範疇。近年與教育大學合作，向教育界同工分享經驗，以推動學生身心靈培育活動。2019 榮獲香港教育大學舉辦的第一屆「點滴成河——傑出生命教育教案設計」傑出教案獎，2021 獲得教育局主辦的第三屆「樂繫校園」中學組「傑出大獎」。

　　在成長階段中的年輕人，面對的是沉重而具競爭性的學習生活，是成長的各方面變化，是家庭及朋輩的各種無形壓力。負面的行為往往會在壓力下慣性出現，影響年輕人的情緒健康和人際關係。正念（靜觀）訓練能幫助我們清楚地認識到日常慣性的機械反應，對於自己的情緒變化能有更大覺察力。我們可以意識到自身的存在、身處的地

方、內心的想法及行為。當我們的情緒將要轉壞時，我們仍然可以保持覺察與平靜，不易被負面的想法和情緒所牽引，能作出更為有效的回應。

約三年前，有感學生學業上的壓力愈來愈大，我們開始引入正向教育課程。本校是一所位處香港北區的千禧中學，近廿年校齡，校風純樸，沒有宗教背景，致力於「品學共融」的教學理念。我們認為只要學生有良好品格，有健康的心靈素質，學習成效自然會提升。這幾年間，我們安排一系列全方位學習活動，締造快樂的學習環境，營造正向的校園氣氛，為學生的未來作好預備。

循序漸進，打好基礎，努力實踐

151

雖然過去二十年，與靜觀有關的研究大幅增長，並顯示靜觀不僅對病人有益，也能提升所有人的心靈素質；然而，與靜觀相近的概念卻也不少，令大眾容易產生誤解。當中包括印度教和道教的冥想、佛教的禪修、基督教和天主教的靜修默想等等，使靜觀添上了很多宗教色彩。本校是一所非宗教中學，故不能以宗教的角度推動正念活動。不但如此，學生、老師、以至家長們，對靜觀一詞都有不同的看法，需要予以釐清。

故此，學校推動靜觀時首要是為靜觀活動作出定位。二十多年的科學研究都不斷證實當我們透過靜觀活動，覺察當下，可擺脫大腦自設的慣性執行系統，從而增強我們的執行控制能力。經過反覆訓練大腦，便能自然而然感受靜觀。每次遇上這種新鮮的經歷，我們就會更頻繁地刺激大腦，使之產生結構性的改變，以便更好地控制有目的的

行為，這就是神經可塑性（Neuroplasticity）。[1] 換言之，不論是學生的情緒管理能力，或是學習知識能力，也因此而有所提升。

這個科學觀點以實證為本，有助我們向學校的不同持份者推廣靜觀。由於學生是最重要的對象，我們先邀請一小部分高中學生參加半小時的靜觀體驗活動。他們正面對文憑試，學業壓力甚大。活動後，學生一致認為能煥發精神，使腦筋清醒靈活。對一群爭分奪秒備試的學生來說，願意花時間來參與活動，已為我們投下了支持的一票。

向教師推廣也是重要的。我們邀請一群有興趣的同工參與頌缽體驗活動，讓他們將良好的經歷分享給身邊同事。此外，本校亦組織一群成長組的主任參訪推動靜觀教育的學校，從中觀摩學習。同時也把握教師發展日，引入不同類型的正念活動，例如和諧粉彩、禪繞畫、靜觀伸展等等。當中配以理論分享，使老師們對靜觀修習有全面的認識。

靜觀修習是一種自我覺察的訓練，適宜從小培養。故此，我們計劃將靜觀的認識與訓練放在中一的正向教育課程內，並將靜觀修習融合不同課題，潛移默化，使之成為學習感恩生活、情緒管理、處理壓力、面對人際衝突等方面的重要鑰匙。為此，所有中一班主任參加了八次的靜觀課，奠定堅實的學習基礎。本校也為各級成長課老師編排備課節，讓老師們有充足的時間進行備課，達致專業發展。為了培養全校的氛圍，我們透過大型的主題活動，例如與宣明會合辦「清淡的一餐」、「24 性格強項體驗日」，也結合聯課活動，例如茶藝、剪紙等，滲入靜觀元素，讓同學在不同層面中領受靜觀的力量。

家長的認同也是重要的一環，本校向老師宣傳靜觀體驗的同時，

也向家長推廣。令人鼓舞的是，家長們都十分認同此修習活動，甚至很多家長表示透過靜觀修習得着身心療癒的效果。

靜觀融合正向課程個案舉隅

生活中，存感恩

　　在一個物質豐富的年代，香港下一代更是幸福的一群。想要甚麼，想享受甚麼，簡直可以說是唾手可得。從前，學校反而要特意舉辦一些饑饉籌款活動來令學生明白自己已很幸福。但其實，要令學生知足，懂得感恩，絕對不能靠一些大型體驗活動去體會。學生需要的，是在平日生活中欣賞自己所擁有，將這種滿足變成習慣，才可以為自己的人生不斷注入正能量。

　　靜觀飲食絕對是一種滿足的體驗。通過專注在當下進食，學生能深入傾聽身體的需要及渴望，而不僅僅是滿足對營養的需求。學生可以體會食物的味道，欣賞每一餐背後有人為你準備的心思，令學生的感官感受身體的飢餓，體會自己的情感需求及內在真正的渴望。學生在體驗中初嚐白米飯的甜味，品味水果的香。平日食而不知其味，現在才發現它們的吸引力。我們希望學生知道「感恩」不只是掛在口邊，而是由心出發的感受。懂得在生活中感恩，就有足夠的水分滋潤心田，有充足水分，才有力量繼續在人生路上走下去。

靜觀看，心中情

　　靜觀呼吸是本校成長課中的基本元素，也希望學生能培養成日常生活的習慣。每次成長課，也以「靜觀始，靜觀終」。不管當天的課堂如何繁忙，學生都可以以平靜的心去迎接我們的成長課。靜觀，就

153

是用來幫助學生學習情緒管理。學生要學習將注意力集中在呼吸上，對自己的一呼一吸保持清醒的覺察。隨着呼吸慢慢地穩定下來，會將注意力逐漸擴展到觀察整個身體的感覺，也會在靜坐時觀察當刻的經驗，例如思想、情緒、聲音等。

或許，學生會認為呼吸是很容易很正常的事，但當他們跟隨指示去感受，他們可以有不一樣的感覺。有學生在靜觀呼吸練習後，覺察到呼吸之間原來是會停頓，也有學生感恩自己能夠如常呼吸，學生能自覺的反思，就是我們課程的價值。

靈修神學研究者盧雲（Henri J. M. Nouwen）在《喧囂中的寧靜：來自沙漠教父的心靈智慧》（2019）一書曾指出：「靜默是靈性生活中最核心的操練。」靜觀呼吸練習確實可以令學生明白心中的情緒，回復平靜及清醒狀態。當需要學生進行個人反思的時候，以靜觀呼吸來穩定情緒，平靜心靈也是十分理想的。

與壓力，共起舞

日常生活中，壓力並不能避免，這也是形成情緒問題的元兇之一。因此，我們要學生學習如何面對，如何與它共存。要令學生明白抽象的概念，則要他們有難忘的感受。痛苦的經歷不一定要受傷害，只是一些簡單的教具，就可令學生有深刻而貼切的體會。要求學生將一塊小冰塊放在手掌心，很快，課室已充滿叫苦連天的聲音。這個簡單的遊戲，學的不只是忍耐，而是學會了接受。當學生在痛苦中學習

冷靜感受，結果原來很不一樣。

面對不同的壓力，當然要學懂化解的技巧。但很多事情不是一時半刻可以處理。因此，學會與它共存也是必要的事。學生在活動後指出，原來當適應了冰所帶來的身體痛楚，不安的感受也會改變；也有學生領悟到冰始終會溶化，就像困境總會過去一樣。

簡單的體驗，不一樣的體會。只要給予機會，可能就會成為學生的小錦囊，讓他們帶在身邊，勇敢地創自己的未來。

解人際，化衝突

靜觀的其中一種修習方法是「聆聽」，使學生學習細心聆聽鐘聲、大自然的聲音、四周的鶯聲燕語。年輕人活在充斥電子產品的世界中，靜觀聆聽可讓他們獲得片刻的休息，以嶄新的角度去感受，與周圍的環境交流，甚至可以令他們體會到未曾珍惜的幸福。

學生學會聆聽，在遇到人際關係衝突時，不總是在想自己的需要，也會聆聽對方的心聲，說話背後的想法，以達致對人有更深的覺察。如此，就更有同理心，懂得如何化解面前的衝突，而不只是一直爭論，繼續處於對立面，要別人明白自己。

人與人相處，總會存在不同意見。學生除了要學習表達自己的意見，也要懂得顧及他人的感受，才可以擁有和諧的人際關係。所以，學會用心聆聽是很重要的處世之道。

課程運作小貼士

早讀作開始

　　每天早會靜觀，為學生建立習慣。初嘗靜觀時，學生很容易誤解為可以休息或伏着睡覺的時間，可提醒學生這不是一個放鬆練習，要注意坐姿，以認真的態度面對。學生或會表示難以集中注意力於當下，不知不覺間神遊太虛，一時沉思過去，一時想像未來。靜觀訓練正正着重專注於當下。所以，在靜觀期間要不時提醒學生，當覺察自己開始出現其他不相關的思緒，便要將思緒拉回到當下，不被日常生活的壓力或周圍的環境所困擾。

感恩作結終

　　經過每天繁忙的學習，為了整理學生的思緒，將正念帶回家，會安排每天放學前的反思時間。學生會想出每天三件值得感恩的事情，帶着開心喜樂的心情回家去。縱使仍要面對很多功課壓力，正念也可以成為他們的一份動力。相信這份愉悅的心情，不但可以為他們帶來幸福，也可以影響身邊的人，營造和諧的氣氛。

疫情新常態

　　這兩年的疫情，相信也為學校帶來不少困境。正規課程已經難以控制學生的參與及投入程度，不以成績評估的成長課就走得更難。幸好，本校一直堅持以班主任負責成長課，一方面可增加師生之間的聯繫，另一方面也令學生更為投入。疫情下，無論在網上或實體課程仍持續靜觀練習。雖然，個別學生會因在家學習環境而影響靜觀的狀態，但只要老師令他們投入其中，大部分也可享受箇中帶來的好處。靜觀飲食、與冰共處等活動在線上舉行更是有利，不但免卻疫情禁食

的問題，學生也較容易在家中取得教材，使運作更為順利。靜觀伸展也因為學生在自己家中進行，方便活動，不覺尷尬。

心靜思，存正念，滿盼望

世事難以預期，你信是甜，生活就會覺得很甜。只要老師不放棄，學生自然樂於感受，積極參與。方法總比困難多，但老師也不可以為學生一一解決，學生需要學習的，正是正面的態度。

以上的安排是我校自 2019 年起，從認識正念教育到在本校落實發展的一個里程碑。量化分析成效有待進行，但從質性評估得知，不論學生、老師，以及家長都有大量的正面回應，成效獲得充分肯定。因此，透過融入正念，我們期望學生在價值觀多元而混淆的現代社會中，擁有獨立思考及判斷能力，並願意將潛能盡展，貢獻社會，為人為己創造美滿幸福的人生。

157

註釋

1　Woollett, K. and Maguire, E. A. (2011) Acquiring 'The Knowledge' of London's Layout Drives Structural Brain Changes," *Current Biology* 21(24) :2109–2114.

參考資料

余育嫻（2015）：幸福理論對教育的啟示與應用，《台灣教育評論月刊》，5(5)，頁138-141。

林瑞芳（2021）：《靜觀自得—生命的祝福》，香港，皇冠出版社。

譚沛泉（2014）：《靜觀靈修與生命成長》，香港，基督教靜觀靈修學會。

Seligman, M. E. P. (2002). *Authentic Happiness*. New York, NY: Pocket Books.

Seligman, M. E. P. (2011). *Flourish*. New York, NY: Pocket Books.

延伸閱讀

香港心理學會臨床心理學組（2017）：《靜觀——觀心．知心．療心》，香港，知出版社。

薩奇．聖多瑞里著，胡君梅譯（2020）：《自我療癒正念書：如詩般優美又真實深刻的內在自療旅程》（Heal Thy Self: Lessons on Mindfulness in Medicine），新北，野人文化。

Lo's Psychology（2020）：《改變人生的正向心理學：尋找快樂，追求夢想》，香港，花千樹出版社。

Boaler, J. (2019). *Limitless Mind: Learn, Lead, and Live Without Barriers*. New York, NY: HarperOne.

Seligman, M. E. P. (1998). *Learned Optimism*. New York, NY: Pocket Books.